EL TESTIMONIO PERUANO ORAL
Y LAS CIENCIAS SOCIALES:
UNA PROBLEMATICA POSTMODERNA

El TESTIMONIO PERUANO ORAL Y LAS CIENCIAS SOCIALES:

Una problemática postmoderna

ALICIA G. ANDREU

CELACP -  LATINOAMERICANA EDITORES

ISBN: 0-9704923-3-2
© Alicia G. Andreu, 2000

La presente edición cuenta con los auspicios de la
REVISTA DE CRITICA LITERARIA LATINOAMERICANA
que evaluó el manuscrito y contribuyó parcialmente
a financiar su publicación.

Impreso en Ann Arbor, Michigan para
Latinoamericana Editores
y el CELACP
CENTRO DE ESTUDIOS LITERARIOS
"ANTONIO CORNEJO POLAR"

Lima - Berkeley

A Regina

INDICE

PRÓLOGO

El propósito del presente trabajo es el análisis de la relación entre el testimonio peruano en las últimas décadas y las ciencias sociales responsables de su publicación. La selección de los cinco testimonios peruanos incorporados en nuestro trabajo representan ejemplos paradigmáticos de los testimonios orales mediados por científicos sociales y publicados en el Perú a partir de la década de los sesenta. Impulsados por el deseo de ilustrar, o de aclarar, ciertos temas vinculados a cambios sociales efectuados en el país por los movimientos migratorios los investigadores introducen en sus estudios relatos orales o fragmentos de ellos provenientes de testigos migrantes. En la mayoría de los casos los relatos populares han pasado por un proceso de mediación, el que es llevado a cabo por los científicos sociales a dos niveles: de los idiomas amerindios al lenguaje oficial, el español, y de la oralidad a la página impresa.

Como veremos en nuestro trabajo, los documentos de los científicos sociales llegan marcados por la contradicción. Los relatos orales sí sirven al objetivo ejemplificador e ilustrador que buscan los investigadores, pero sólo en parte. Su compleja construcción lingüística y estética es responsable de que no sólo no quepan totalmente en los marcos establecidos por las ciencias sociales, sino que lleguen a desbordar los parámetros científicos. Es precisamente en virtud de esta situación de conflicto que crea la presencia de los discursos orales en los estudios profesionales, que nos sentimos obligados a replantear la relación entre ambos, y a señalar la problemática que encierra la necesidad de las ciencias sociales de apropiarse de unos textos que de por sí no les van.

No debe llamar la atención que nuestro análisis del testimonio peruano se esté llevando a cabo en este período. A partir de la década de los sesenta y de los setenta se populariza en el Perú la publicación y distribución de los relatos de testimonio. Tal como lo señalan los críticos especialistas del género, aunque el relato de testimonio surge en Latinoamérica con las crónicas en la época de la Conquista, su popularidad en este siglo se establece con los movimientos revolucionarios nacionales latinoamericanos, entre los que se destaca la Revolución Cubana. Es también en esta época en que los documentos de los científicos sociales, acompañados de sus respectivos relatos orales, empiezan a surgir en los quioscos populares de nuestras ciudades principales y en las tiendas especializadas en la venta de libros.

Dedicamos nuestro trabajo al insigne pensador peruano Antonio Cornejo Polar, quien consagró su vida al estudio de las narraciones indígenas y migrantes del Perú.

INTRODUCCIÓN

Mucho se ha escrito sobre la relación entre el testimonio y las ciencias sociales en Latinoamérica, particularmente la antropología y la etnografía[1]. Por un lado se cuestiona la veracidad con la que los científicos a cargo de la recolección, traslación y publicación de los testimonios, se vienen lanzando a la representación del subalterno, y, por el otro, se debate la condición de autoridad que asume la voz del cien-

---

[1] La reflexión incorporada en este ensayo es una continuidad de las discusiones que se vienen llevando sobre el testimonio latinoamericano en las últimas tres décadas. La lista es parcial; como ejemplos mencionaremos el ensayo de Miguel Barnet, "La novela testimonio: Socio-literatura", *Revista Unión* 4 (1969); Margaret Randall, "¿Qué es, y cómo se hace un testimonio?", *Testimonios* (San José: Centro de Estudios Alforja, 1983); David William Foster, "Latin American Documentary Narrative", *PMLA* 99 (1984); Eliana Rivero, "Testimonio y conversaciones como discurso literario: Cuba y Nicaragua" *Literature and Contemporary Revolutionary Culture* 1 (1984-85); *Testimonio y literatura*, ed. René Jara y Hernán Vidal (Minneapolis: Institute for the Study of Ideologies and Literature, 1986); John Beverley, "Anatomía del testimonio" *Del Lazarillo al Sandinismo* (Minneapolis: Prisma Institute/Institute for the Study of Ideologies and Literature, 1987); Barbara Harlow, *Resistance Literature* (Nueva York: Methuen, 1987); *La invención de la memoria*, ed. Jorge Narváez (Santiago: Pehuén, 1988); Hugo Achúgar, "Notas sobre el discurso testimonial", en R. Chang-Rodríguez y G. de Beer, eds., *La historia en la literatura iberoamericana* (Hanover: Ediciones del Norte, 1989); *La voz del otro: testimonio, subalternidad y verdad narrativa* eds. John Beverley y Hugo Achúgar (Lima-Pittsburgh: Latinoamericana Editores, 1992); Elzbieta Sklodowska, *Testimonio hipanoamericano* (Nueva York: Peter Lang Publishing, Inc., 1992); *The Real Thing*, ed. Georg M. Gugelberger (Durham: Duke University Press, 1996).

tífico social en los comentarios que acompañan los testimonios. Percibiéndose que el ímpetu de algunos de estos estudios no ha radicado tanto en el sincero deseo de llegar a conocer al Otro sino más bien en el de refamiliarizarse con el Occidente a través del estudio de la alteridad, se duda de la buena fe de estos trabajos. Asimismo, con las múltiples versiones en la representación de la alteridad, muchas de ellas contradictorias, se cuestionan las razones ideológicas que pudieron haber motivado la incorporación de los relatos orales de los subalternos en estos estudios. Por último, la relación jerárquica entre el profesional y el testigo, a través de la cual el primero se coloca en una posición de poder frente al segundo, contribuye en gran medida a cuestionar la buena fe de los científicos sociales en la incorporación de los enunciados subalternos.

Nuestro trabajo es una contribución al análisis de la relación, conflictiva, entre las ciencias sociales y los testimonios peruanos publicados a partir de la década de los sesenta. Intentamos esbozar una reflexión en torno a las cuestiones que plantea la presencia de dos discursos culturales distintos en el documento científico: la palabra oral del testigo, y la otra, escrita, del científico. Como se verá en nuestro análisis, la presencia de ambas instancias en el documento científico hace patente dos modos de representación distintos. El signo gráfico simboliza el dato personal. Nos refiere a un acontecer individual, reflejo del impacto del liberalismo individualizador y egocentrista del pensamiento occidental que subsiste desde el siglo XIX. Por otro lado, la palabra oral del testimonio trasciende lo personal para situarse en lo colectivo. Como veremos en el análisis de los testimonios peruanos, aunque el relato de los testimoniantes llega marcado por el *yo* autobiográfico y por lo tanto parecería representar una "historia de vida" estrictamente personal, tiene una base histórica. La experiencia personal que invoca el relato oral es un ejemplo de lo que le ocurre a la colectividad. En otras palabras, el discurso del testigo es expresión de un individuo situado en la oralidad, fuertemente apoyado en la memoria colectiva, y su acontecer personal trasciende lo personal para hacerse eco del acontecer colectivo: "lo que me pasa a mí le ha ocurrido a otros como yo" y viceversa, "lo que les pasa a otros como yo me pasa a mí". La memoria colectiva le otorga al narrador del relato oral cabal sentido y funcionalidad a su expresión. Tales son las estructuras de los testimonios de los migrantes peruanos y habría que añadir, del testimonio de Rigoberta Menchú. Como se verá al final de nuestra Introducción, hemos incluido un breve análisi vinculado al testimonio de la indígena guatemalteca publicado por la etnóloga venezolana, Elisabeth Burgos-Debray en 1985 con el título de *Me llamo Rigoberta Menchú y así me nació la conciencia* y del estudio del antropólogo norteamericano, David Stoll, *Rigoberta Menchú and the Story of all Poor Guatemalans*, en 1999[2].La razón que nos motivó a hacerlo es la convicción de que el relato oral de la indígena guatemalteca comparte rasgos semejantes a los de los narradores peruanos. La aproximación de la antropóloga, Elisabeth Burgos-Debray, a cargo de la recolección del testimonio de Menchú comparte, asimismo, características semejantes con los científicos sociales encargados de la recolección de los testimonios peruanos. Por último, por razones que se harán evidentes más adelante, le hemos dedicado una pequeña sección al estudio del antropólogo norteamericano, David Stoll, sobre el relato de Rigoberta Menchú titulado: "El testimonio de David Stoll".

En los testimonios contemporáneos la presencia del científico social se vislumbra especialmente en los prólogos y en los epílogos que acompañan los relatos orales y, en algunos casos, en los comentarios de los científicos intercalados en los relatos mismos. En ellos los recolectores hacen exhaustivos comentarios entre los que se menciona la rigurosidad de sus métodos y la autoridad de su palabra. Como resultado, sus comentarios "terminan enmarcando el libro dentro de una zona nítidamente acotada del discurso científico" (*Testimonio* 27). Dos aspectos adicionales vinculados a la autoridad del profesional se manifiestan en sus publicaciones: las entrevistas llevadas a cabo por los cientí-

---

2 Burgos-Debray, Elisabeth. *Me llamo Rigoberta Menchú y así me nació la conciencia*, y David Stoll, *Rigoberta Menchú and the Story of all Poor Guatemalans*.

ficos sociales y el uso de la grabadora. Estos dos elementos
no sólo establecen la metodología utilizada en la recolección
de los testimonios sino que se presentan como una garantía
de autenticidad de los relatos.

La presencia del científico social en el documento varía
de acuerdo al tipo de relato de testimonio. En algunos casos,
su presencia se oculta tras las voces de los testimoniantes
con lo que resulta difícil para el lector, aunque no imposible, reconocer la demarcación que separa la voz del antropólogo con la de los testigos. En otros casos, no obstante, la
presencia del antropólogo es mucho más obvia y aparente,
ya que ésta se encuentra presente en una serie de preguntas formuladas y orientadas al narrador testigo.

Mary Louise Pratt se refiere a las tensiones que se perciben en el testimonio entre el intelectual y el subalterno.
Aunque ambos tienen la misma finalidad en el sentido de
que ambos buscan una igualdad social y una transformación radical de la sociedad capitalista, sus antecedentes
culturales pueden tener repercusiones arriesgadas en la relación entre ambos. La relación entre Burgos-Debray y
Rigoberta Menchú es tal vez uno de los ejemplos más evidentes de estas tensiones. Muchos lectores de esta obra,
entre los que se incluye Pratt, encuentran la introducción
al relato de Menchú ofensiva:

> Burgos-Debray represents her relation with Menchú in senti-
> mental and paternalistic terms that imply the very attitudes of
> racial and class superiority Menchú is combatting, both in
> Guatemala and among metropolitan readers (*Teaching* 65).

Vera León, por su parte, considera que las tensiones en el
testimonio entre el intelectual cosmopolita y el narrador son
irresueltas ya que la mirada del intelectual entra en conflicto con el relato de lo particular ofrecido por el narrador-
informante. Pero de todos los elementos de la relación, lo
que más lamenta Vera León, es que el intelectual se apro-
pie de esta vida para la escritura. Concluye, por consiguiente, que el testimonio es:

> ... una re-escritura rica en interferencias entre las que se puede
> detectar la invención y el poder de la escritura sobre la oralidad.

Para el sujeto oral testimoniar, hasta cierto punto, implica someter su relato a los discursos de la escritura (188).

Conviene recordar a este respecto que los cuestionamientos de la relación entre los científicos sociales y las representaciones de la alteridad se iniciaron dentro de las ciencias sociales mismas. El antropólogo Clifford, por ejemplo, indica la transformación que se había ido llevando a cabo en la representación de la alteridad en su campo. Mientras que tradicionalmente las ciencias vislumbraban al hombre *nativo* en el contexto de límites claramente definidos, en la actualidad estos límites han ido borrando la claridad de la percepción con la que se confrontaba al Otro. Ahora el científico social puede aproximárse al Otro pero sólo en relación consigo mismo, "while seeing itself as other" (*Writing* 23). Wolf censura el estudio de la alteridad llevado a cabo desde el lente óptico de Occidente:

> ... the far and distant populations 'out there' have become participants in a drama set upon our own stage. They are no longer exotic, and hence capable of being admired or despised at a safe distance; they wear our own robes, address us in our own idiom, affect in tangible and immediate ways the outcome of a play we so willingly began with a sense of our own enduring superiority (ix).

Algunos de los estudiosos interesados en una revisión de la representación del Otro reclaman un análisis cuidadoso y detenido del lenguaje en los documentos científicos. Geertz y Clifford, por ejemplo, fueron de los primeros que apuntaron a la necesidad de estudiar las fisuras del lenguaje en la documentación científica, especialmente aquéllas vinculadas a las representaciones de la *verdad* de las culturas estudiadas. Llaman la atención a la incorporación de citas y reminiscencias de otras disciplinas, como la literatura, por ejemplo. Se refieren a las imágenes, metáforas, símiles, entre otras *figuras* del imaginario simbólico en los documentos sociales (*Works* 9). En "On Ethnographic" Clifford señala la presencia de la alegoría como uno de los elementos definidores de la escritura etnográfica: figura del lenguaje que se manifiesta al nivel del contenido y de la forma (103). La presencia de la alegoría hace que el texto etnográfico sea visto como un *palimpsesto*, en el cual los relatos dominantes

de los textos etnográficos traducen, confrontan y recontex-
tualizan otros relatos dominantes. La estructura de *palimpsesto* da cabida a los procesos de reestructuraciones tex-
tuales, "The marking off of extended indigenous discourses
shows the ethnography to be a hierarchical structure of
power stories that translate, encounter, and recontex-
tualize other powerful stories" ("On etnographic" 121). Concluye Clifford que el texto etnográfico se encuentra atra-
pado en el quehacer de la invención y no necesariamente
en la representación de culturas. Por consiguiente, el elemento de verosimilitud del texto etnográfico es, en el mejor
de los casos, parcial e incompleto, y en otros, ilusorio (7).
Geertz señaló la urgencia de detenerse en las estrategias de
comunicación que los recolectores de los relatos utilizan en
su deseo de convencer a los lectores de la veracidad de sus
observaciones en tanto advirtió que lo que le da valor al
texto etnográfico no es tanto la veracidad de los datos contenidos en el documento, pero sí la autoridad que implica la
presencia del científico. Habría que añadir que los dos antropólogos no sólo desautorizaron el discurso científico como
medio de conocimiento de la *verdad,* sino que rechazaron la
noción compartida por muchos de sus colegas de que sólo a
través de la documentación científica se podía llegar a la
verdad. Empeño vano, señalaban ambos, ya que la base de
toda documentación científica es la multiplicidad de sus
códigos. Cada uno de los documentos incorpora en su escritura una variedad de voces y de significados nunca fi-
jamente establecidos (153). Señalaron que toda cultura está
compuesta de una multiplicidad de códigos, en muchos
casos conflictivos, entre los cuales los del imaginario simbólico y los ideológicos son inseparables. Agregan, asimismo, que los códigos científicos no son superiores, ni mejores a otros provenientes de otras disciplinas. El papel del
científico social, por consiguiente, es el de descodificar y
recodificar los códigos culturales y el de mostrar los elementos de orden y de diversidad que los caracteriza, así
como aquéllos considerados de inclusión y de exclusión. La
verdad como el objetivo único y singularizador de una
cultura, cualesquiera que esta sea, es sólo una ilusión, una
quimera.

Importa aclarar también que en las ciencias sociales perdura hasta nuestros días la desconfianza y el temor de los estudios no logrados por especialistas y sí por miembros de la cultura bajo estudio. Aunque los sociólogos Emerson y Pollner describen esta actitud como una característica del pasado, lamentamos decir que la duda y el temor todavía persisten en la actualidad. Escriben los sociólogos:

> The Social Sciences have always been suspicious of members' representations of reality. Classical approaches often assumed that members did not and could not know social reality as well as the social scientist, and indeed that the mission of the social sciences was to provide a more comprehensive and accurate account than any version member could offer (188).

Concluyen ambos que los científicos sociales perciben un trabajo bien hecho sólo en los casos en que el trabajo de campo es llevado a cabo por los científicos *in situ* y sin tener que depender de las observaciones ni las inquietudes de los *nativos*. La justificación de esta metodología, señalan Emerson y Pollner, se basa en la noción que el científico es "mejor observador" que los miembros de la cultura estudiada debido al entrenamiento profesional de los primeros. Por otro lado, señalan que las evaluaciones de los subalternos se distinguen por la subjetividad como resultado de la poca distancia que mantienen con los signos de su propia cultura. Lamentan que estos estudios presenten un problema serio de interpretación para las ciencias sociales, en tanto añaden que:

> ... member assessment episodes are significant for naturalistic sociology, but not necessarily as a means for arriving at a final, determinate version of local social structure or even of members' perspectives (190).

Como se puede ver, a lo que apuntan estos científicos es a la dificultad de aceptar los relatos locales como relatos *verdaderos* por llegar cargados de ambigüedad en la interpretación de los eventos que narran.

El estudio de la relación de los relatos orales con las ciencias sociales ha recibido también una atención considerable entre críticos de la literatura latinoamericana. González Echevarría nos recuerda que las conclusiones antropológicas, basadas en la observación y el estudio de las culturas *primitivas,* fueron las que formaron una parte importante del conocimiento que los países occidentales adquirieron de otras culturas a lo largo del siglo diecinueve. Señala también el crítico cubano que el modelo que informó la narrativa latinoamericana a partir de los años veinte del presente siglo provino del discurso antropológico. Durante las épocas de la Conquista y de la Colonia españolas la literatura latinoamericana se vertía a modelos provenientes de textos legales; en el siglo XIX a textos científicos, y en la narrativa contemporánea a discursos antropológicos[3]. Achugar, por su lado, relaciona la manifestación del testimonio con la llegada de la modernidad y la revolución industrial del siglo XVII. Para el crítico, éste es el momento cuando el "discurso monológico del sujeto central europeo, blanco, masculino, heterosexual y letrado empieza su lento proceso de auto-destrucción" ("Historias" 53). Beverley se refiere a la larga tradición de textos de carácter testimonial

---

[3] González Echevarría señala que en sus inicios la antropología surgió como producto de un deseo por parte de los países occidentales de aproximarse a las sociedades *primitivas.* Con este fin, los antropólogos se dedicaban al estudio de los elementos religiosos y mitológicos de las culturas indígenas. Con la culminación de la Primera Guerra mundial y con la consiguiente falta de confianza en las ciencias se empieza a percibir en ciertos segmentos de las ciencias sociales un cierto cuestionamiento de la representación de la alteridad. A mediados del siglo veinte, se empieza a pensar que el objeto del estudio de la alteridad resulta no ser tan diferente del sujeto que estudia. El antropólogo empieza a reconocerse a sí mismo en algunos de los rasgos que definen al "primitivo". Como resultado, el exotismo que definían las imágenes primarias de las culturas primarias va disminuyendo a medida que el antropólogo vislumbra el reflejo de su propia imagen en el espejo que le brindan las culturas de la alteridad (*Myth and Archive*). En el estudio publicado en Nueva York en 1995 con el título de *In search of Respect. Selling Crack in El Barrio*, Philippe Bourgois critica la obsesión de las ciencias sociales por la alteridad "exótica" y las tendencias conservadores que dominan su representación. Lamenta, por lo tanto, que las representaciones de los marginados "are almost guaranteed to be misread by the general public through a conservative unforgiving lense" 15.

en las letras latinoamericanas, tales como los *Naufragios* y otras crónicas coloniales, y los libros de viajes al estilo de los de Concolorcorvo, Humboldt, y Hudson. Añade también el ensayo histórico-costumbrista, las memorias de campaña, la biografía romántica, la novela social o indigenista, el *corrido* y otras formas de narrativa popular. En *Del* Lazarillo *al Sandinismo* (1987) hace un detallado estudio de la relación entre la cultura popular latinoamericana y la picaresca. Para Achugar, el testimonio empieza a surgir a mediados del siglo XIX como "una forma de narrar la historia de un modo alternativo al monológico discurso historiográfico en el poder" (53).

Habría que añadir que críticos de la literatura interesados en analizar la proliferación repentina del género testimonial en Latinoamérica han señalado los eventos políticos y sociales que contribuyeron a su resurgimiento en el siglo XX. Mencionan que a partir de los años sesenta, con la llegada de la Revolución Cubana y con el consiguiente cuestionamiento de la autoridad del discurso monológico científico, empiezan a emerger relatos orales formulados por testigos de acontecimientos sociales y políticos. Con la Revolución se inicia también un período de experimentación artística e intelectual que afectó íntimamente la producción del testimonio contemporáneo. En *The Real Thing* Beverley escribe que el testimonio surgió como "an adjunct to armed liberation struggle in Latin America and elsewhere in the Third World in the sixties" (281). Añade que en los años de la década de los setenta, y concretamente en el año setenta y tres, el poder de los movimientos contrarrevolucionarios políticos, sociales y económicos contribuyeron a la popularidad de los relatos orales. Sklodowska menciona la importancia de otros eventos políticos y sociales que dieron cabida a la formulación del testimonio además de la Revolución Cubana, entre ellos la expansión urbana, el desarrollo de los medios masivos de comunicación, el creciente interés mundial por América Latina y, como resultado, "la consagración de algunos autores por el aparato publicitario de las 'metrópolis' culturales europeas y norteamericanas" (*La parodia* x).

Beverley añade que otro factor que estimuló la popularidad del testimonio en la década de los sesenta fue la importancia que se dio a los testimonios orales como formas de manifestación de autenticidad personal, catarsis y liberación (*Against* 73). Yúdice añade que los sectores populares son los que brindan al testimonio un nuevo significado, en oposición a los modos de control hegemónicos, a sus modelos de producción y consumo, a sus prácticas culinarias y religiosas, y a sus relaciones sexuales, entre otros. En función de esto, se ha señalado el impacto que las publicaciones de textos etnográficos, al estilo de *Los hijos de Sánchez* de Oscar Lewis, tuvieron en la reformulación del género testimonial. Pratt, de otro lado, menciona que el testimonio surgió en el contexto de "un imperativo de renegociar relaciones entre los intelectuales y los constituyentes populares en el dominio de la cultura letrada" (*Teaching* 64). Por consiguiente, añade Pratt, uno de los rasgos esenciales del testimonio es su nuevo modo de producción basado en el trabajo en grupo. Como veremos en el análisis de los testimonios mismos, básica es la colaboración entre el científico social y el narrador testigo. El testimonio provee un nuevo medio por el cual los sectores populares pueden luchar por la hegemonía en la esfera pública de la que hasta entonces habían sido o excluidos o forzados a representar estereotipos por las elites establecidas ("Testimonio and" 53). Añade Yúdice que aunque en la década de los sesenta se estaban llevando a cabo muchos cambios sociales, tales como el movimiento de alfabetización de Paulo Freire, el de formación de Comunidades de Base Cristianas, tales como la Teología de la Liberación, y el de organizaciones masivas de obreros y campesinos, los constituyentes populares no tenían representación en los textos canónicos del "boom" literario. A lo "popular" se lo esencializaba o se lo redefinía como cultura masiva. Aunque sí existía una noción de literatura de testimonio durante esta época no se la incorporaba en la esfera de lo literario. No es sino hasta la creación del premio de literatura testimonial por Casa de las Américas en Cuba que a este género, con un énfasis especial en lo marginal y en lo popular, se le reconoce como tal (54).

Gugelberger menciona tres etapas que dieron lugar a la formación del testimonio como un producto literario en América Latina. Señala que en sus inicios al testimonio se le consideraba un producto latinoamericano cuyos orígenes surgieron en Cuba en los años inmediatos a la Revolución, para manifestarse luego en Bolivia antes de convertirse en un género centroamericano. La segunda etapa surge con la respuesta crítica al testimonio de los intelectuales *progresistas* en los Estados Unidos, la mayoría de los cuales eran mujeres. La tercera etapa en el desarrollo del testimonio fue la respuesta de los críticos en los Estados Unidos, muchos de ellos de origen latinoamericano, que lidiaban con nociones de "lo real" en tanto empezaban a cuestionar la "poética de solidaridad" de la *izquierda* y, por consiguiente, la afirmación incondicional del género (*The Real* 5–6.)

Lo que sí parece evidente, entonces, es que la canonización del género de testimonio en latinoamérica surge después de 1973 como símbolo de las fuerzas contrarrevolucionarias contra el discurso neoliberalista y los reclamos de las primeras al haberse finalmente reconciliado la sociedad con la historia. En otras palabras, el testimonio marca un nuevo lugar de autoridad discursiva, de donde se desafía la autoridad del "gran escritor" y sus pretensiones como representante de la cultura y del desarrollo latinoamericanos (*The Real* 281). Por último, en *Against Literature*, Beverley añade que el testimonio surge en el contexto de la crisis de la representación de los partidos políticos tradicionales y de los proyectos de la izquierda (16). Vera León confirma la complejidad discursiva e histórica del testimonio en América Latina. Considera que el testimonio, a partir de la Revolución en Cuba y sus discursos de refundación de la historia, llegó a representar la politización de la discursividad latinoamericana. Señala que la importancia del testimonio surge con el proyecto revolucionario de poner a los productores en control de los medios de producción como modo de erradicar la dominación y la represión producida por la modernidad capitalista. De ahí que, en tanto discurso revolucionario, el testimonio proponga la reconstrucción de los modos de narrar con el objeto de dar la palabra al pueblo (184). Beverley señala que el testimonio relativizó la noción liberal con

que los escritores y los artistas del "boom" representaban a
la gran mayoría de latinoamericanos.

En suma, el resultado de todos estos debates se manifiesta en la publicación en los últimos años de múltiples
estudios reorientados a una mejor comprensión de los relatos orales en los documentos científicos. Algunos de estos
estudios se concentran en la (im)posibilidad de que una *verdad*, cualquiera que ésta sea, pueda ser transmitida a través del lenguaje. Otros nos llaman la atención sobre la in-
terpenetración de discursos ajenos a las ciencias sociales en
su documentación y al hecho de que la escritura de descripciones culturales es propiamente experimental y ética: el
análisis de la escritura demuestra la naturaleza artificial
que definen las representaciones culturales. Por último, en
algunos de los estudios se presenta la duda de la existencia
de una absoluta objetividad por parte del científico y se
cuestiona si su (in)capacidad de observador le imposibilita
separar lo visto o estudiado de su propia subjetividad. La
incorporación de la percepción del *yo* del investigador en su
documento transforma la representación objetiva, o verdadera, de la cultura estudiada.

Este debate, oportuno y urgente, tendrá repercusiones
importantes en el estudio de los testimonios. Como se puede
ver, el centro del debate gira alrededor de la "crisis de la
representación", la cual ha sido el resultado de dos posiciones críticas antitéticas asumidas por los interesados en la
relación entre las ciencias sociales y los relatos de los testigos. Por un lado se encuentran aquéllos que destacan el
contenido histórico, léase *verdadero*, de los relatos orales. Se
basan éstos en las estrategias de representación deter-
minadas por el momento histórico y personal en la vida de
los hablantes. Conviene aclarar que Miguel Barnet fue uno
de los primeros en hacer resaltar el carácter no-literario y
auténtico del testimonio[4]. Puso de relieve las entrevistas

_____

4 En "La novela testimonio. Socio-literatura" Barnet indica que los
   protagonistas de dos de sus novelas de testimonio más conocidas,
   Cimarrón y Rachel, son testigos reales, "en la medida sociológica y
   no en la literaria" (288). Añade que aún a pesar de que ambos protagonistas estén recreados por él, y que estén "manejados por

con sus cuidadosas transcripciones así como el trabajo llevado a cabo por los investigadores sobre el trasfondo cultural
del "informante". En su *Biografía de un cimarrón* considera
a su narrador, Montejo, como un "legítimo actor del proceso
histórico cubano", por haber sido el narrador uno de los
cubanos insurrectos que se rebelaron contra la dominación
española y por haber sido un cimarrón (10). Afirma, asimismo, que la *Biografía* narra "vivencias comunes a muchos
hombres de su misma nacionalidad"(10). Beverley y Yúdice
siguieron la misma línea de pensamiento de Barnet. En su
artículo, "The Margin at the Center" (1989), Beverley sugiere que las características centrales del testimonio se basan en la representación de la realidad a través del discurso
oral de los hablantes:

> By *testimonio* I mean a novel or novella-length narrative in
> book or pamphlet ... form told in the first person by a narrator
> who is also a real protagonist or witness of the event he or she
> recounts, and whose unit of narration is usually a "life" or a
> significant life experience (12–13).

Beverley y Zimmerman añaden que los narradores del testimonio se dirigen directamente al lector, sin mediación de
ningún tipo:

> Puesto que se trata de un discurso de un testigo quien no es una
> construcción ficticia, el testimonio de alguna manera nos habla
> directamente, como pudiera hablarnos una persona real. Por lo
> tanto, incorporar el testimonio bajo el rótulo de ficcionalidad
> literaria implica despojarlo de su poder de involucrar al lector de
> manera indicada (177).

Jara sugiere, asimismo, que la autenticidad de los relatos
llega marcada por la situación de emergencia en la que se
formulan sus enunciados del testimonio, en tanto que Beverley se refiere a la urgencia de la comunicación del testimonio: "The situation of narration in *testimonio* has to in-
volve an urgency to communicate, a problem of repression,
poverty, subalternity, imprisonment, struggle for survival,
and so on" ("The Margin" 13). Por su parte, Yúdice acentúa
la autenticidad del testimonio. Para éste, el relato oral es:

---

medio de algunas cuerdas de ficción", son "seres de carne y hueso,
reales y convincentes" (288).

> ... an authentic narrative, told by a witness who is moved to
> narrate by the urgency of a situation .... Truth is summoned in
> the cause of denouncing a present situation of exploitation and
> oppression ("Testimonio and" 44).

Al otro lado de la contienda se definen aquellos críticos
que perciben el testimonio dentro de unos parámetros diferentes. Cuestionan éstos el elemento de *veracidad* contenido en los testimonios en tanto confirman su construcción
palimpséstica. Según éstos, la *verdad* es una estrategia con
la cual se autorepresenta uno de los discursos presentes en
los relatos orales. Sklodowska sugiere que las limitaciones
de la visión del testimonio como una representación realista
es limitada dadas las dudas y dificultades en percibir claramente la relatividad de los planteamientos propuestos por
el testimonio: "Su ansiedad por llenar los huecos parece
ofuscar su (posible) autoconciencia de la imposibilidad de
construir un discurso sin fisuras" (*Testimonio* 15). En su
análisis titulado *Pablo: con el filo de la hoja*, Rivero replan-
tea el problema de la mímesis y su relación con la representación estética del testimonio. Señala que la autorepresentación en el texto oral se aproxima más "al producto de una
intencionalidad crítica" que a una representación verídica
de la realidad. El uso del montaje fílmico, en la visua-
lización de artefactos de forma de *collage* y de "la utilización de textos escritos pertenecientes al discurso poético,
ensayístico, dramático" le confieren al testimonio de Víctor
Casaus un enfoque ficticio ("Acerca" 53). Antonio Cornejo
Polar en relación a los testimonios de la Conquista, sostiene
que los ejercicios de lectura "en los que los signos gráficos
remiten a lo que pudiera ser su origen o a los elementos
naturales que semejan representar ... tienen una dimensión
puramente ficticia, casi inverosímil, en relación al momento
y a los hechos en que se incluyen (*Escribir* 78–9). Según el
crítico peruano, dicha condición genera un espacio de ambigüedad en los relatos orales.

Tal como lo apunta Sklodowska, en los últimos años los
especialistas en el testimonio, entre los que incluye a Achugar, Beverley, Kerr, Sommer, Steele, Vera-León y Yúdice,
intentan resolver algunos de los problemas vinculados a la
definición del término ya sea superando algunas de las

simplificaciones o clarificando algunos de los malentendidos (*Testimonio* 3). Beverley, alterando ligeramente su posición inicial, señala que lo que se está poniendo en juego en el testimonio es la naturaleza particular del "efecto de lo real" y no simplemente la diferencia entre (cualquier) texto y la realidad: "Testimonio produces if not the real as such ..., then certainly a sensation of experiencing the real that, for example, even news reports do not" (*Against* 82). Citando a Jara, añade Beverley que "the testimonio is 'a trace of the real, of that history which, as such, is inexpressible'" (*Against* 82). Raúl Bueno también ha llamado la atención al hecho de que lo que se concibe como la *realidad* hispanoamericana en la literatura [oral] no es el ámbito material, la cosa, el continente, lo real hispanoamericano, sino una construcción cultural ideológica instituida a partir de lo real, o como indica el autor de "Sobre la heterogeneidad literaria y cultural de América Latina", un interpretante social de lo real hispanoamericano (52). El testimonio no refleja, por consiguiente, una representación directa de un referente real sino su construcción y reinvención por parte del lenguaje (195). Los artículos de Sommer llaman la atención, asimismo, a las múltiples autorepresentaciones de las narradoras en los testimonios de mujeres[5].

De otra parte, y esto complica aún más las cosas, los críticos vienen señalando que mientras que al testimonio se le veía en sus inicios como un género marginado, por estar precisamente vinculado a la representación del subalterno, en los últimos años se le empieza a concebir como otro texto hegemónico más. En su Introducción a *The Real Thing* (1996), Gugelberger señala que el problema inicial de nuestro encuentro con el testimonio, y de ahí la dificultad de su definición, era que se buscaba una respuesta a la representación de la alteridad "desde dentro" y "desde fuera":

> We wanted to have it both ways: from within the system we dreamed about being outside with the "subaltern"; our words were to reflect the struggles of the oppressed. But you cannot

---

5 Véase especialmente el artículo de Sommer, "'Not Just a Personal Story': Women's Testimonies and the Plural Self." *Life / Lines: Theorizing Women's Autobiography.* 107–30.

be inside and outside at the same time. You cannot be nomadic
and sedentary at the same time (2).

Al igual que lo ocurrido previamente con la fotografía y el
cine, Gugelberger concluye que los resultados de esta po-
larización han sido negativos y contraproducentes al testimonio ya que la consecuencia fue su asimilación por la
maquinaria del Estado. De ahí que el testimonio, originalmente considerado un género "subalterno" y, por consiguiente, marginado de los centros de poder, haya entrado
por la puerta académica a participar de los estudios canónicos de la literatura. Concluye Gugelberger que lo único
positivo del debate es que ha forzado a los estudiosos del
testimonio a reflexionar y a ver con cierta claridad la encrucijada en que nos encontramos:

> [However], and this strikes me to be potentially as significant
> as the production of the testimonio itself, it appears that we
> would not be able to see our impasse as clearly were it not for
> the testimonio that, in its ensuing metacritical phase, also has
> become a testimony to our own critical malaise. While not nec-
> essarily making the subaltern "visible", testimonio has helped
> to make ourselves visible to ourselves (3).

A este respecto habría que mencionar que otro de los
fenómenos culturales que ha contribuido a la revisión del
documento científico en su relación con el testimonio oral
latinoamericano es la corriente del pensamiento conocida
con el nombre de *postmodernismo.* Su rechazo de los me-
tadiscursos y la revisión centro/margen son dos de los rasgos que aportaron al interés por una mejor comprensión de
la presencia del subalterno en los documentos científicos
basados en el estudio de la alteridad. Aunque no es nuestra
intención aquí profundizar en la noción de *postmodernismo,* que es asunto para los especialistas en la materia,
resaltaremos sólo aquellas cualidades que facilitan una
mejor comprensión de la relación entre las ciencias sociales
y el testimonio latinoamericano. Bertens señala que en su
momento inicial la crítica literaria se concentró en el estudio
de las estructuras formales de la literatura y en los medios
por los cuales la literatura resiste toda tentativa de interpretación. Por consiguiente, se analizaron aquellas técnicas
discursivas vinculadas a la contradicción, la permutación,

la discontinuidad, la fragmentación y los excesos, entre otras. A este primer momento le siguió el deseo de solidificar una actitud postmoderna, la cual se manifestó en un interés especial por el contenido y por los temas literarios. Se reclamó la autenticidad de la literatura *postmoderna* frente a la artificialidad del modernismo, el rechazo de las verdades trascendentes por verdades provisionales. Se reclamó una nueva humildad artística frente a la arrogancia elitista del modernismo. Según la crítica, la importancia de este segundo momento radicó en la facilidad y el estímulo que brindaban nuevas plataformas políticas y morales. La tercera etapa radicó en una combinación de las dos primeras: en una concentración simultánea de la forma con la temática, "in which a specifically postmodern thematics is produced by the manipulation of form" (8). En este tercer momento se establecieron dos aspectos importantes del *postmodernismo*. El primero fue que el lenguaje constituye la realidad y no la representa; el segundo, que la contradicción es una de las bases centrales del lenguaje.

El *postmodernismo* se inició, entonces, con un momento concientizador de la historia y la ficción como construcciones sociales. Deliberadamente se establecieron y subvirtieron todos los valores que hasta entonces habían sido premisas de la burguesía liberal, tales como el orden, el significado, el control y la identidad. Asimismo, Hutcheon señala que el uso de la parodia y otras técnicas desestabilizadoras del *postmodernismo* marca, diferencia y dispersa las voces narrativas que usan la memoria para tratar de darle sentido al pasado. Con la llegada del *postmodernismo* el sujeto autónomo cede su lugar a un agente postmoderno cuya identidad deriva de la alteridad, múltiple y siempre en el proceso de llegar a ser (Hutcheon 12). Hutcheon concluye que el *postmodernismo* es profundamente político en su cuestionamiento de todas las instituciones y sistemas, inclusive el literario, de donde provienen nuestras fuentes de significado y de valor (Hutcheon 12). Por su lado, Foster cita dos tendencias postmodernistas que han dado lugar al cuestionamiento de varias nociones occidentales centrales a su concepción de poder. Se polemiza la noción de centro, y se cuestiona el concepto de la subjetividad. Con el *post-*

modernismo se lleva a cabo una subversión del paradigma de la autoridad y se intensifica la relación entre el lector y el texto leído. Foster remarca que dentro del *postmodernismo* existen tendencias antagónicas: el *postmodernismo* de la "reacción" y el *postmodernismo* de "la resistencia" (xii). La primera, de tendencia conservadora, ataca la noción de la cultura *postmodernista;* su programa político consiste en mezclar las esferas sociales, económicas y culturales para crear una postura estratégica de rechazo de todo aquello que estos grupos consideran como "adversario". Esta primera tendencia representa, en el fondo, un sentimiento de nostalgia por un retorno hacia la homogeneidad del humanismo tradicional premodernista, en la cual prevalecían los valores eternos como el arte, la religión, la belleza, lo inefable, la filosofía. El *postmodernismo* "de resistencia", en oposición a la primera: "arises as a counterpractice not only to the official culture of modernism but also to the 'false normativity' of a reactionary postmodernism" (xii). Foster señala que el centro de atención de esta segunda definición es el cuestionamiento agresivo de las formas de representación sociales, políticas y estéticas de la tradición humanísitica. De acuerdo a Foster, "it seeks to question rather than exploit cultural codes, to explore rather than conceal social and political affiliations" (xii). Rodríguez-Hernández elabora el pensamiento crítico de Foster. Señala que el *postmodernismo* "de resistencia" trata de formular una nueva epistemología, a través de la cual se incorporan críticamente "otros tipos de discursos descontados por el *postmodernismo* 'de reacción' " (123).

Estudiosos interesados en el testimonio latinoamericano nos advierten, sin embargo, de la necesidad de mirar con ojos críticos la relación entre el *postmodernismo* y la literatura latinoamericana. Nos llaman la atención sobre el origen del *postmodernismo* como un concepto primermundista proveniente, y aplicable a los centros de poder de Europa Occidental y los Estados Unidos. Señalan que el término *postmodernismo* aplicado a Latinoamérica puede tener implicaciones contradictorias:

> The engagement with postmodernism in Latin America does not take place around the theme of the end of modernity that is

so prominent in its Anglo-European manifestations; it concerns, rather, the complexity of Latin America's own "uneven modernity" and the new developments of its hybrid pre- and postmodern cultures (*The Postmodernism* 4).

Con el deseo de profundizar en el estudio del testimonio latinoamericano actual, algunos críticos buscan respuestas fuera de los parámetros críticos de la *postmodernidad*. "Mestizaje", "transculturación" e "hibridez", son algunas de las aproximaciones conceptuales con las cuales los críticos han tratado de penetrar en los relatos orales. Es nuestra opinión, sin embargo, que el testimonio latinoamericano y su relación con el científico social no se podría concebir en su totalidad sin tomar en consideración el dispositivo teórico de la *heterogeneidad* elaborado a fondo por Antonio Cornejo Polar. Según el crítico peruano, la noción de *heterogeneidad* responde a la realidad fragmentada y escindida de América Latina, la cual se instala en América Latina en el momento del Descubrimiento y de la Conquista y se expande con la presencia de componentes africanos y asiáticos. La *heterogeneidad* sería para Cornejo Polar una propuesta epistemológica más efectiva para aproximarse al mestizaje de nuestras culturas latinoamericanas que aquélla propuesta por los exponentes de otros paradigmas teóricos. Asegura el crítico peruano que, a la larga, esta nueva aproximación teórica permitiría la combinación, en unidades más o menos desproblematizadas, de dos o más lenguas, conciencias étnicas, experiencias históricas, y códigos estéticos. Asimismo, la *heterogeneidad* incorporaría situaciones socio-culturales y discursivas en que las dinámicas de los entrecruzamientos múltiples dan énfasis a los conflictos y alteridades ("Mestizaje" 54). Añade que el espacio donde se configurarían estas combinaciones sería el de la cultura y la literatura hegemónicas[6]. Por último, Cornejo

---

6 Cornejo Polar apunta que se trata de una *heterogeneidad* de fondo, la cual trasciende todas las otras heterogeneidades de América Latina. Véase especialmente "Mestizaje, transculturación, heterogeneidad" (1994) y su libro publicado en el mismo año, *Escribir en el aire* (1994). Raúl Bueno, por su lado, menciona que el resultado de la *heterogeneidad* sería un mundo marcado por enormes brechas socio-culturales, "entre las cuales el poblador latinoamericano realiza la hazaña de tender puentes transculturadores y construir,

Polar apunta que el estudio de la *heterogeneidad* no puede prescindir de un contexto histórico. Critica, por consiguiente, muchas de las tendencias ahistóricas de los estudios literarios latinoamericanos actuales, tales como los estudios transculturales, de la otredad, del mestizaje, de la diversidad, de la pluralidad o de la hibridez, que aluden solamente a los procesos culturales y/o raciales e insiste en la necesidad de incorporar los estudios literarios en el proceso histórico cultural del país. Concluye declarando que la *heterogeneidad* en América Latina es parte de la riqueza cultural de los países latinoamericanos, razón por la cual debemos preservarla: no como un hecho negativo para la identidad, sino como un signo propicio y positivo; un signo que deje de ser base de desigualdades y de opresión y sea, más bien, de respeto y reconocimiento.

La fuerza del testimonio empieza a debilitarse a finales de los ochenta. Entre las conjeturas que se presentan como marcas de la disminución del género se escucha repetidamente su incorporación a los estudios canónicos de la literatura, especialmente a partir de la publicación de la obra de la antropóloga Elisabeth Burgos-Debray, *Me llamo Rigoberta Menchú y así me nació la conciencia* (1985) y del premio Nobel de la Paz otorgado a la narradora Rigoberta Menchú en 1992 por su trabajo con las comunidades indígenas en Guatemala. Gugelberger añade la destrucción de la muralla de Berlín como el símbolo de una relación binaria ya ineficaz (*The Real* 7). Sanjinés destaca que la importancia del testimonio en Bolivia ha decaído como resultado del desafío que le presenta la creación de medios masivos de comunicación electrónica, entre los que se destacan especialmente los *talk shows* y la televisión interactiva (*The Real* 254). La disminución de la importancia del testimonio en su país, afirma Sanjinés, se debe a la transformación de la política boliviana. Incorporados entre los grupos interesados en la acumulación del poder se encuentran los nuevos actores del juego hegemónico, los conservadores *cholos* aburguesados. Aunque señala que en éstos se

---

azarosamente, los distintos mestizajes" ("Sobre la heterogeneidad" 22).

combinan la política y los medios de comunicación, lamenta esta combinación por la ausencia de un diálogo auténtico entre el público receptor y los productos de consumo. Escribe que el *yo* de la enunciación del hablante se proyecta al público como una representación de su propio *yo:* "In other words, it is the 'cogito' that represents the 'other' and manipulates his/ her consciousness" (*The Real* 263).

El debate sobre el testimonio latinoamericano vuelve a adquirir nueva fuerza en 1999 con la publicación del libro, *Rigoberta Menchú and the Story of all Poor Guatemalans* del antropólogo norteamericano David Stoll. Aunque nuestro trabajo trata exclusivamente de los testimonios peruanos nos sentimos en la obligación de incorporar algunos de nuestros pensamientos sobre el estudio del antropólogo de uno de los testimonios latinoamericanos mejor conocidos y más estudiados en estos momentos, el de Rigoberta Menchú. La obligación que sentimos de analizar el texto de Stoll se debe no sólo a la visibilidad que su publicación ha logrado en Latinoamérica y en los Estados Unidos sino también a la fuerte reacción que la publicación despertó entre ciertos segmentos de la *derecha,* tanto latinoamericana como norteamericana. Entre estos últimos se encuentra un número de científicos sociales vinculados a la academica norteamericana. En defensa de la cultura Occidental y en ofensa a todo lo que supuestamente no cabe dentro de ella (léase *diversidad*, *multiculturalismo*, *feminismo*), rechaza la derecha académica el testimonio de Rigoberta Menchú por considerársele perjudicial a los valores nacionales. Nuestro análisis es, por lo tanto, un medio de participar en el debate suscitado por el estudio de Stoll. Aunque lamentamos enormemente la popularidad de su publicación, nos sentimos en la necesidad de comentarlo precisamente por la magnitud de su difusión y debate. Conviene aclarar, por otro lado, que la posición ideológica de Stoll ante el testimonio de Rigoberta Menchú conlleva antecedentes previos, siendo tal vez el más conocido el libro de Dinesh D'Souza publicado en 1991, *Illiberal Education: The Politics of Race and Sex* y en especial, su capítulo titulado, "Travels with Rigoberta". Importa hacer notar, asimismo, que nuestro estudio no está basado en la refutación específica del análisis de los hechos *verdaderos* presentados por el antropólogo norteamericano. Varios y excelentes estudios se vienen logrando sobre este tema. Nuestro análisis se basa en el estudio del discurso antropológico de Stoll y su relación con la palabra oral de Rigoberta Menchú. De ahí que a nuestro análisis se le titule "Testimonio de David Stoll".

Antes de profundizar en el estudio antropológico, no vendría mal comentar brevemente la publicación original del testimonio de Rigoberta Menchú publicado por Elizabeth Burgos-Debray. El testimonio, formulado en la ciudad de París en 1982, es la transcripción de un relato oral formulado por Rigoberta a la recolectora del texto oral[7]. La primera parte del documento está basada en los comentarios de la etnóloga sobre la indígena maya-quiché y la representación escritural de su relato oral. Tal como lo menciona la autora del estudio, fue ella la encargada de la grabación del relato, de su transcripción y, finalmente, de su publicación. Nuestro análisis apunta a las dificultades que se crean en la relación entre textos tan dispares como son la palabra de Menchú, basada en la oralidad y la científica de Burgos-Debray, basada en la escritura.

Siguiendo el modelo convencional de todo testimonio, la indígena guatemalteca, como protagonista de su "historia de vida" se coloca en el centro del relato. Siguiendo también los modelos establecidos, el de Rigoberta pasa a través de la mediación discursiva de la antropóloga venezolana. En la

---

7 La primera edición de trabajo de Burgos-Debray, utilizada en nuestro análisis, fue publicada por Siglo Veintiuno Editores, en Colombia en 1985, bajo el nombre de la entnóloga; ausente se encuentra en esta primera edición el nombre de Menchú como autora del texto. Las primeras cuatro ediciones con el mismo formato fueron publicadas por la misma casa editorial en años consecutivos: Colombia, 1985; Argentina, 1986; Madrid, 1987; México, 1988. Esta obra suscitó una multiplicidad de estudios en el momento de su publicación. Véase especialmente *Teaching and Testimonio. Rigoberta Menchú and the North American Classroom.* Allen Carey-Webb y Stephen Benz, eds. (1996). Entendemos que en estos momentos está por salir en venta un libro en respuesta al estudio de David Stoll publicado por Minnesota University Press.

Introducción al relato nos señala Burgos-Debray las razones que la motivaron a interesarse por el relato quiché. Se refiere a los rasgos personales de la indoamericana, entre los que destaca su ingenuidad, cualidad que la etnóloga relaciona, positivamente, al carácter infantil de la hablante. La descripción física de Menchú llega marcada por términos vinculados a la infancia de la hablante. Menciona Burgos-Debray la "mirada franca casi infantil" de Rigoberta, descripción que vuelve a repetir, "su mirada franca era la de un niño, con labios siempre dispuestos a sonreír" (12). Otras características de la narradora que impresionan a la etnóloga son las dificultades de su vida, y su orgullo por la cultura quiché:

> A través de esas descripciones minuciosas ella quería hacerme comprender, y hacer comprender al mundo, que ella también era poseedora de una cultura, y de una cultura milenaria, y que si ella luchaba era para salir de la miseria y de una vida de sufrimientos, pero también para que su cultura fuera reconocida y aceptada como cualquier otra (7).

La última frase nos lleva a la segunda razón que motiva a Burgos-Debray a la publicación del relato quiché: la noción que la cultura de Rigoberta Menchú debe ser "aceptada como cualquier otra" por un lector específico, el cual, al igual que la etnóloga, es "culturalmente blanco" y letrado (7). Burgos-Debray desea que la publicación del relato de la indígena guatematelca conduzca a este lector a comprender y a aceptar la cultura maya-quiché ya que su falta de conocimiento ha sido responsable de la perseverancia del "colonialismo interno" en su país (8). Considera, por lo tanto, que la publicación del relato oral guatemalteco puede llegar a transformar la condición socioeconómica de la etnia de la hablante en tanto radicalizaría las nociones que sobre las culturas indígenas mantiene la cultura blanca latinoamericana: "está en nosotros, los que pertenecemos a la población blanca del continente, comprender las reivindicaciones específicas de las poblaciones indígenas" (8). Concluye la autora del estudio señalándole al lector que quiere dejar en claro que el propósito de la publicación *no* es el de tratar de "pregonar guerras racistas" en Guatemala (8), sino que ve como su responsabilidad la publicación del relato de Menchú por su contenido de la historia de Guatemala, de la historia contemporánea en general y por la posibilidad que este conocimiento lleve al lector a transformar ciertos aspectos de la cultura guatemalteca. Termina mencionando su falta de conocimiento de la cultura maya-quiché y añade no haber trabajado nunca sobre Guatemala (16).

En la primera parte del Prólogo del testimonio de Rigoberta Menchú encontramos referencias a la reacción de Burgos-Debray ante la asombrosa habilidad lingüísitica de la guatemalteca. Aunque en su Introducción señala el conocimiento rudimentario del español de la hablante y la consiguiente "ingenuidad" de su habla, en el Prólogo expresa una enorme admiración por su capacidad de asimilación del castellano, o de lo que la recolectora denomina como la "lengua del opresor" (9)[8]:

> Rigoberta aprendió la lengua del opresor para utilizarla contra él. Para ella, apoderarse del idioma español tiene el sentido de un acto, en la medida en que un acto hace cambiar el curso de la historia, al ser fruto de una decisión: el español, la lengua que antaño le imponían por la fuerza, se ha convertido para ella en un instrumento de lucha (9).

Burgos-Debray añade que la facilidad con el español le permite a Menchú formular su testimonio, el cual se convierte en su "arma de lucha" con el que se confronta ésta al enemigo, la comunidad no-indígena guatemalteca. Es por medio del testimonio en español, también, que Rigoberta se autorepresenta y representa "la vida de todos los indios del continente americano" (9). Comenta Burgos-Debray que su facilidad con el lenguaje le permite a la narradora dominar una variedad de temas entre los que se distinguen la historia y la política guatemaltecas, la relación entre el campesinado y la guerrilla, entre la guerrilla y las fuerzas militares guatemaltecas y entre el campesinado, la guerrilla y las fuerzas militares guatemaltecas. Elabora, asimismo, aspectos relacionados a la cultura maya-quiché, entre los que

---

8 Burgos-Debray añade que una de las ventajas de la suplantación del lenguaje de Rigoberta, Ixil, por el español, es la de permitirle a Menchú y a los miembros de su etnia a salir del "enclaustramiento lingüístico" en el que se encuentran en la actualidad (9).

se destacan los temas de la muerte, las fiestas, la mujer en las diferentes manifestaciones comunitarias y el matrimonio.

En la segunda parte del Prólogo de Burgos-Debray leemos sobre las diferentes etapas en el proceso de elaboración del testimonio, desde su construcción oral hasta su representación en la escritura. La etnóloga indica haber escogido el relato de Menchú en París, en un espacio de ocho días. Fue éste el resultado de veinticinco horas de entrevistas y de un número de preguntas formuladas, en colaboración entre la etnóloga y la testimoniante, el día anterior a las entrevistas. Señala que la transcripción del relato oral a la página escrita llegó a ocupar aproximadamente quinientas páginas escritas a máquina. Una vez concluida la grabación de las entrevistas, Burgos-Debray descifra las cintas y desglosa el material en capítulos.

Siguiendo el modelo establecido por las ciencias sociales en la representación de los relatos orales en la escritura, notamos en el testimonio de Rigoberta contradicciones paralelas a aquéllas contenidas en testimonios semejantes. Ejemplos concretos se manifiestan en los comentarios de Burgos-Debray sobre el proceso de descifrar el relato campesino. Afirma haber sido fiel a la palabra de la testigo, con lo que quiere decir que no desechó nada, no cambió una sola palabra, "aunque estuviese mal empleada" (17). Señala, asimismo, no haber alterado ni el estilo ni la construcción de las frases. En una segunda lectura del testimonio de Menchú, notamos, sin embargo, que Burgos-Debray decide hacer las alteraciones necesarias al texto original para que quepa dentro del paradigma de los documentos de las ciencias sociales. La forma del relato es la de un estudio científico, con las conclusiones de la etnóloga en la primera parte del estudio, y la transcripción del testimonio oral en la segunda. Lo mismo se puede decir de la supresión de todas las preguntas en las cuales habían estado basadas las entrevistas originales. Al eliminar el diálogo entre ambas el relato de Menchú se convierte en un monólogo. Por otro lado, una vez ordenado el relato oral de Menchú se dedica la etnóloga a "aligerarlo", ya sea suprimiendo repeticiones,

introduciendo nuevos temas a aquéllos ya indicados en los
varios capítulos y corrigiendo errores. En una conversación
con el antropólogo Stoll, la investigadora amplía la última
etapa en la transcripción del relato al mencionar haber
corregido errores gramaticales tales como tiempos verbales
y géneros de sustantivos, "as otherwise it [el relato de Men-
chú] would not have made sense" (Stoll 185). En esta
misma conversación la autora del estudio añade la necesidad de reorganizar el material para darle al relato un sentido de unidad y de vida, para así poderlo presentar al público como si fuera una verdadera historia:

> I had to reorder a lot to give the text a threat, to give it the
> sense of a life, to make it a story, so that it could reach the gen-
> eral public, which I did via a card file, then cutting and pasting
> (185).

Al igual que los testimonios peruanos que analizamos a
continuación en nuestro trabajo, la problematización de la
relación textual entre el relato oral y su representación en
el documento científico es evidente. El estudio de la escritura nos revela que la autoridad de la voz científica coarta
en mucho la expresión de la indígena quiché y que lo que
se presenta al lector como el testimonio de la indígena ha
llegado contaminado por la presencia de la estudiosa venezolana. Podemos concluir que en el documento de Burgos-Debray, la voz oral de su narradora/testigo se presenta
como si formara parte de una unidad con las declaraciones
profesionales y no como lo que son: dos instancias discursivas distintas, y, por consiguiente, cada una portadora de
su propio sistema.

Habiendo establecido estos criterios podemos concluir
que la presencia de la mediación de la entnóloga no tiene
por qué significar necesariamente un obstáculo a nuestro
acercamiento al relato oral de Rigoberta Menchú, ni una
traición al testimoniante. Al contrario. La mediación puede
servir como un arma de acercamiento a culturas distintas a
las nuestras, siempre y cuando a estas culturas se les consi-
dere con respeto y estima precisamente por su diferencia:
porque no son letradas y porque representan sistemas culturales diferentes. Ambos discernimientos no se logran to-

talmente en el estudio etnográfico de Burgos-Debray. Aunque la representación del discurso oral de Rigoberta refleja las buenas intenciones de la científica venezolana, no podemos dejar de ver reflejados sentimientos de superioridad frente a la testimoniante por la autoridad que le brinda su formación profesional y por la presencia de la escritura. Lo que nos lleva al estudio del antropólogo David Stoll.

"El testimonio de David Stoll"

El profesor y antropólogo norteamericano, David Stoll, publica en 1999 su reacción al testimonio de Rigoberta Menchú difundido por Burgos-Debray, y titulado, *Rigoberta Menchú and the Story of all Poor Guatemalans*. Señala que el testimonio oral de la guatemalteca, narrado a Burgos-Debray en París en 1982, está basado en una deformación de los eventos que la guerrilla, el ejército y el campesinado indígena desempeñaron en la guerra civil llevada a cabo en Guatemala en los años setenta y principios de los ochenta. Apunta Stoll, asimismo, que la base de su estudio radica en sus propias investigaciones iniciadas en su época de estudiante graduado. Impulsado por una intuición inicial de que el relato de Menchú no podía representar la verdad de los hechos, organiza entrevistas con parientes de la testigo quiché y con miembros de otras etnias indígenas en tanto se dedica a leer documentos vinculados a los eventos descritos en el testimonio oral[9]. Los resultados de su investigación confirman sus presentimientos: el relato de Rigoberta Menchú distorsiona la verdad, y como tal, es una afrenta a sus lectores, a los miembros del Comité organizador del Premio Nobel de la Paz, y, por último, a los científicos sociales vinculados a la academia norteamericana. En otras palabras: el asombroso libro del profesor Stoll es una representación detallada y concienzuda de los "verdaderos"

---

[9] Stoll nos recuerda en repetidas ocasiones su presencia en estas entrevistas: "These were not the prewar conditions I heard about in my interviews with nearby Ixils" (9) o, "Only after becoming very familiar with what peasants had to say did I realize that their testimony was not backing up Rigoberta" (8).

eventos guatemaltecos con los cuales contrasta la representación distorsionada de los mismos eventos narrados por Rigoberta Menchú. Seguro de la autoridad de sus enunciados, se dedica el profesor Stoll a desempeñar la función primordial de todo antropólogo entregado al ejercicio del estudio de la otredad: la de ejercer un juicio de valores de la *factualidad* de la palabra del otro para desenmascarar la mentira: "I did not want to give up the frank exercise of judgement, as an outside observer, on the reliability of what I was hearing" (217).

El análisis del texto de David Stoll revela ciertas inconsistencias incompatibles con las que él manifiesta haber logrado. Como veremos a continuación, su estudio no sólo incorpora datos que revelan la *factualidad* de la difícil situación guatemalteca, sino que también incorpora estrategias derivadas del imaginario. Aún más: es tal la presencia de ambos en su obra que no sería demasiada exageración el señalar que el estudio del académico incorpora en su relato elementos discursivos literarios y no-literarios. Por consiguiente, la voz antropológica de David Stoll llega cargada de significados contradictorios y ambiguos, los que son responsables de que su palabra se vierta hacia sí misma revelando su artificialidad. Dicho de otro modo, el relato de Stoll es el producto de un lenguaje cuya función radica precisamente en minar los cimientos de su propia *factualidad*.

En *La verdadera historia de todos los pobres guatemaltecos* el antropólogo señala que el elemento de la *verdad* en todo relato se revela a través de dos aspectos del quehacer antropológico: entrevistas con el Otro en el contexto del trabajo de campo y una meticulosa lista de datos *verídicos*. Según las afirmaciones del antropólogo, ambos aspectos le permiten al especialista trascender las diferencias con el *Informante* y lograr una comunicación esencialmente libre de distorsiones. Una lectura cuidadosa del estudio académico revela, sin embargo, ciertas dificultades con la representación de la *realidad* guatemalteca, tal como el antropólogo parece percibirla. Para empezar, como todo texto basado en el lenguaje, la retórica básica del texto de Stoll proviene del realismo. De éste se derivan muchas de las estrategias de su lenguaje necesarias para transmitir su representación de la *realidad* guatemalteca y de la vida de Rigoberta Menchú. Asentado en la noción aristotélica de la *verdad*, el texto de Stoll refleja los principios de la *mimesis* basados en la imitación o repetición de un juicio o proposición imposible de negar racionalmente, la *verdad*. Stoll, basándose en un dudoso conocimiento empírico de Guatemala y de sus leyes, se sirve de estrategias realistas para darle al lector la impresión de rigor en sus observaciones y conclusiones. Del realismo deriva la acumulación de detalles, las referencias científicas y el énfasis en una exposición coherente. No obstante el realismo evoluciona y, tal como lo señala M.H. Abrams en *The Mirror and the Lamp* en 1953, ya desde el siglo dieciséis surgen las "teorías pragmáticas" con las cuales se argumenta que la imitación de la realidad no es un fin en sí mismo sino el medio de llegar a un fin moral. Para Abrams, el propósito de la *mimesis*, por consiguiente, sería el de lograr ciertos efectos en el lector: "It [language] imitates only as a means to the ultimate end of teaching" (14) y, por lo tanto, el de garantizar el propósito moral de la representación. En semejanza a lo que parece reflejar una manifestación de la actitud de Stoll, Abrams elabora la noción de que las "teorías pragmáticas" en el discurso realista se reflejan en la predominante retórica de la persuación. Importa recordar que para Abrams estas teorías buscan producir dos efectos específicos en el lector, el de entretener y, a través de éste, el de enseñar. Es particularmente con este último fin en mente que la retórica de la persuación en el estudio de Stoll, conlleva en su representación los signos de autoridad que la definen. Asimismo, con el objetivo de *enseñarle* al lector la interpretación *correcta* del testimonio de Rigoberta los enunciados del académico norteamericano se manifiestan con el imperante aspecto de autoridad que domina su palabra. Términos como "doubtless" y "obviously", abundan en su estudio. Por otro lado, la autoridad de su discurso antropológico presupone la calidad irrefutable de los datos recopilados *in situ* de haber "estado allí"– convirtiendo la experiencia de investigación de campo en su principal estrategia de verosimilitud. La autoridad de su discurso se apoya, asimismo, en la presencia de la escritura de los documentos legales guatemaltecos sobre los derechos humanos y los reclamos de la tierra que él señala haber revisado. Aunque el investigador señala una cierta reticencia sobre el contenido *verdadero* de algunos de sus datos termina por aceptar la palabra escrita por la autoridad que ésta le brinda a su texto: "they do set up parameters, through dates and official actions, for evaluating oral testimony" (217).

Habría que recordar, asimismo, que el énfasis en la autoridad de la palabra del antropólogo proviene del *yo* retórico del discurso romántico. Como tal, Stoll se autorepresenta como el sujeto de la enunciación, omnisciente y en absoluto control de su relato. Su *yo*, orgulloso de su coherencia consigo mismo, es una voz cerrada y poderosa: "I did what any sensible graduate student does" (10) o "It was only later, back in the United States, that I realized that I could have to face the authority of Rigoberta's story" (10). Es también la representación de un sujeto monolítico y unidimensional, un sujeto homogéneo con un discurso *armonioso*, en el cual la única voz representada es la suya. El *yo* autorial, sujeto de los enunciados científicos, llega generalmente acompañado del pronombre posesivo con el cual califica sus varias acciones: "my interviews", "my opinions", "my questions", "my findings".

A expensas de ciertas reiteraciones, nos vemos en la obligación de manifestar una vez más el peligro de la representación de la *verdad* en documentos al estilo de los de Stoll. Este peligro se manifiesta a dos niveles. En primer lugar, la *verdad* científica tiende a duplicar la *verdad* de la "historia oficial" de los documentos del Estado. En el caso de la historia de *Rigoberta Menchú and the Story of All Poor Guatemalans* Stoll no sólo repite la versión oficial de la historia política de Guatemala sino que, respaldado por la autoridad que le brindan los estudios científicos, la *verdad* de Stoll es apropiada por los poderes reaccionarios, tanto nacionales como internacionales, y utilizada como "arma de lucha" para apoyar con más fuerza la opresión de los subalternos. Como ejemplo de las represalias, léase el artículo de Eduardo Galeano, "Disparen sobre Rigoberta" publicado el 16 de Enero de 1999 en *La Jornada* y distribuido por Internet; y el de Pablo Rodas, "El diamante que Santa Claus le trajo a la derecha: el libro de David Stoll" distribuido también por Internet el 10 de febrero de 1999[10].

Al igual que el testimonio de Menchú, el estudio de Stoll consiste en una multiplicidad de textos en los que se cruzan combativamente dos o más universos socioculturales disonantes y muchas veces incompatibles entre sí. Por un lado se encuentran textos representativos de la cultura maya-quiché, entre los que se distingue su mitología, lenguaje, estudios etnográficos y antropológicos sobre las etnias guatemaltecas. Representativos de otros textos en la documentación antropológica de Stoll son los relatos de los ladinos guatemaltecos, la historiografía y la política guatemaltecas. Presentes se encuentran, asimismo, citas y reminiscencias, textos y *figuras* literarias tales como la hipérbole, la redundancia y la sinécdoque. Por último, en el núcleo de la representación se halla firmemente establecido el *yo* autobiográfico. En las pocas ocasiones en que Stoll incorpora el pronombre personal, primera personal plural en su relato, *nosotros*, no se refiere al sentido comunitario del vocablo indígena del mundo discursivo de la indígena maya-quiché, sino al de una colectividad profesional: un *nosotros* de científicos sociales entregados al estudio de la otredad. A este respecto creemos imposible no mencionar que el significado del *nosotros* en el estudio antropológico varía dependiendo de la aproximación o distanciamiento que los relatos de los científicos sociales mantienen con el de Stoll. En ciertos momentos el *nosotros* es usado en términos genéricos para referirse a todos los estudiosos de la alteridad que comparten metodologías e ideologías semejantes a la del autor de *Rigoberta Menchú and the Story of All Poor Guatemalans*: "Instead of studying 'down' in the social order as before, for example, we were going to study 'up'" (242) o "we can decide how to position ourselves only by

---

[10] La dirección del primero es LACASA-L@LISTSERV.UIC.EDU y la del segundo, pablorodas@yahoo.com. Véase asimismo el ensayo de Greg Grandin y Francisco Goldman, "Bitter Fruit for Rigoberta" publicado por *The Nation* y distribuido a través de Internet con la dirección de dveith@thenation.com (1999).

stepping back from victimization narratives and weighing their reliability" (217). También incorpora el *nosotros* cuando parece estar juzgando negativamente las aproximaciones de otros científicos sociales interesados en los estudios de la alteridad, pero de las que él no se excluye completamente: "we have an unfortunate tendency to idolize native voices" (242) o, "we increasingly doubt our authority to make definitive statements about subordinate groups" (12). Sin embargo ambos pronombres, singular y plural, desaparecen cuando las conclusiones del relato profesional están en desacuerdo con conclusiones contrarias a las suyas. En su lugar, nos encontramos con referencias directas a las profesiones y a sus facultades: "Embarrassed by their association with Western powers, anthropologists are increasingly leery of imposing their own interpretive framework on the narratives of others" (216).

Dado el énfasis con que la palabra del científico social impone su autoridad no llama la atención la dificultad del antropólogo en aceptar la autoridad del relato de Menchú. Nos asegura, por ejemplo, que el testimonio guatemalteco no es digno del respeto que se le ha inferido: *"Me llamo Rigoberta Menchú* conlleva una gran autoridad, más de la que yo creo merece" (*I, Rigoberta Menchú* carries great authority, more than it deserves on my judgment, x)[11]. Stoll condena el relato de la indígena guatemalteca por dos razones fundamentales. Considera que la narradora ha manipulado dramáticamente su discurso con el objetivo de resaltar las dificultades de su vida, y, por consiguiente, de obtener una simpatía inmerecida de parte del lector: "Rigoberta told her story well enough that it became invested with all the authority that a story of terrible suffering can

---

11 Vale recordar que Stoll decide no sucumbir ante la autoridad del relato de Menchú cuando se encuentra considerando qué hacer con los resultados de su investigación, actitud, según él, prevalente en las instituciones académicas: "I could submit to the self-censorship that is pervasive in graduate schools and junior faculties, bow to Rigoberta's authority, approach the problems I had discovered only in the most abstract terms, or find something else to study" (240).

assume, x)[12]. Señala Stoll que la manipulación de su relato se percibe, asimismo, en la construcción de una imagen falsa, que no va con su verdadera personalidad: "Rigoberta Menchú turned herself into a composite Maya" (273).

La segunda razón, íntimamente vinculada a la primera, radica en lo que el académico percibe como la mitificación de la narradora maya-quiché. Que Menchú se haya convertido en un mito, según Stoll, se debe a tres factores: a la elaboración de un relato falso en muchas circunstancias, a la relación de su trabajo político con las etnias campesinas cuando se trataba de un trabajo con las guerrillas guatemaltecas, y a su visibilidad fuera y dentro de Guatemala a partir del Premio Nobel de la Paz. Añade, una y otra vez, que la construcción mítica de Menchú no es merecida porque su historia y la historia que representa de Guatemala es falsa (275). Lamenta, por lo tanto, que la mitificación de Menchú haya hecho posible que en su figura se vislumbre toda una nación en crisis, "giving it an aura of representivity and significance that it otherwise would not have had" (274), entre la que se destacan los guatemaltecos preocupados con problemas de identidad y todos los pobres del universo[13].

Pero Stoll no se detiene con la condena de la construcción mítica de la narradora. Añade que esta condición es responsable de que la narradora adquiera un poder indebido. Con la formulación de su propio mito logra ésta ejercer su autoridad sobre todos aquellos familiarizados con su relato. Como constructora de su propio arquetipo, compara a Menchú con los guionistas de Hollywood. Asimismo, de cierto interés en el contexto de la reinvención de Menchú

---

[12] Para el antropólogo el relato de Menchú pertenece a la categoría de las "narrativas de victimismo" (217).

[13] La mitificación que Stoll le adhiere a Menchú nos lleva a mencionar el estudio de Pratt, en el que se menciona que el testimonio de Menchú contiene un proyecto "autoetnográfico"; con lo que quiere decir que en el relato de la indígena quiché se incorporan estrategias derivadas de los documentos etnográficos. De ahí que Rigoberta se concentre de tal manera en la presencia de mitos y ritos y que los describa de manera objetiva y formulaica (69).

llama la atención la vinculación que Stoll establece con la narradora y el mundo de la hechicería. Como tal es ésta la portadora de valores mágicos de los cuales es imposible escapar:

> As I talked to Guatemalans about Rigoberta, it became apparent that her story was acquiring the status of a legend, a story that meets certain needs so well that the question of whether it is true or not is almost beside the point. Was this the same spell she cast over her admirers in the United States and Europe? (264).

Aún los científicos sociales no pueden evadir escapar el encanto de su hechizo:

> Even among scholars who might have known better, Rigoberta's portrait of deeply traditional Indians becoming revolutionaries was so gratifying that it disarmed our critical faculties (264).

A las construcciones falsas contenidas en el relato de Menchú y a su ilícita autoridad habría que añadir la opinión de Stoll sobre la elección de Menchú como la ganadora del Premio Nobel de la Paz. De acuerdo al antropólogo, la razón aparente de haber resultado ser la ganadora de tan distinguido galardón respondió a la necesidad del comité de selección de conseguir un representante nativo de América para la celebración del Quinto Centenario: "the most obvious reason for choosing a Native American was the quincentenary" (213).

En semejanza al testimonio, sin embargo, el sujeto discursivo del estudio antropológico es un sujeto fragmentado. En el espacio lingüístico de su relato se complementan, intersectan, combaten, discursos de muy varia procedencia. Cornejo Polar nos llama la atención sobre los orígenes románticos de este sujeto cuando escribe:

> ... cuando se comienza a discutir la identidad del sujeto y la turbadora posibilidad de que sea un espacio lleno de contradicciones internas, y más relacional que autosuficiente, lo que se pone en debate, o al menos el marco dentro del cual se reflexiona, no es otro que la imagen romántica del yo (*Escribir* 19).

Por otro lado, en tanto que el lenguaje de las ciencias sociales se manifiesta seguro de sí mismo, el análisis de sus estrategias revela un lenguaje consciente de sí mismo y de su propia vulnerabilidad: "we can only guess that" (9). En una sóla página encontramos cuatro manifestaciones del adverbio "perhaps" (195). Es también un lenguaje conjetural, condicional, y de probabilidad. "She also should have known that" (10) o "she ought to have been" (195), alternan con "another possibility is that" (195), "if peasants did not support the guerrillas, why would the army kill so many?" (238) y "if most of the combatants were indigenous, then the insurgency must have been a popular uprising" (238). Por último, el discurso de Stoll contiene otros rasgos característicos que lo aproximan al relato del testimonio popular: la contradicción. En sus intertersticios se reflejan signos de ambivalencia como los silencios que comentan, o contradicen, la autoridad de su palabra. A este respecto no podemos dejar de señalar la supresión de las marcas del diálogo de las entrevistas llevadas a cabo por Stoll en su transcripción final. Dicho silencio puede partir de la convicción de que una vez superadas las dificultades preliminares de comunicación, el discurso de la alteridad puede ser fácilmente captado por el antropólogo. Como resultado de estas ausencias podemos concluir que el estudio de Stoll es un texto depurado de preguntas, o, como diría Sklodowska, un texto que niega ser producto de resistencias y acomodaciones y pretende sustentar la ilusión de una y única, *verdadera historia* (Sklodowska 117).

Un último aspecto del relato de Stoll que subvierte la veracidad de su relato y que revela las contradicciones de su lenguaje se hace visible cuando el profesor intenta explicar las intenciones de su estudio. En su referencia a la dudosa autoridad del testimonio de Menchú y a la descaminada relación de la indígena con la gente pobre de Guatemala señala Stoll la necesidad de la mediación del antropólogo a nivel de un deber moral[14]. Aquí no podemos menos

---

14 Stoll no sería, de ninguna manera, la primera persona en llamarnos la atención respecto al objetivo moral de un texto. Recordemos que el tema de la función de la ética en un texto se origina con la *Poética* de Aristóteles. En el siglo dieciséis el deseo de comprender mejor la función moral de la representación en términos del realismo responde al desarrollo de las ya mencionadas "teorías pragmáti-

que preguntarnos cuál es el *verdadero* significado que el antropólogo le otorga a la frase "deber moral". ¿Se refiere a todos los pobres de Guatemala descarriados por la manipulación del testimonio de Rigoberta y por la fama del Premio Nobel de la Paz? Nosotros somos de la opinión que la respuesta viene de otro lado. En semejanza a la posición de los científicos sociales analizada en los capítulos siguientes, la responsabilidad *moral* del texto de Stoll radica en la rehabilitación del lector. Pero este lector no es el lector corriente de los documentos científicos. Recuérdese que en varias ocasiones, el antropólogo lamenta que el testimonio de Rigoberta Menchú se haya formulado con miras a un lector internacional, europeo y norteamericano. De ahí que no sorprenda que su relato esté formulado con miras a ese mismo lector, pero con un rasgo ausente en los primeros. El lector de Stoll está familiarizado con el relato de Rigoberta Menchú publicado por Burgos-Debray, muy o medianamente interesado en la guerra civil en Guatemala, y con un cierto conocimiento del Premio Nobel de la Paz. Es, eso sí, un lector vinculado a la academia y, de preferencia, un científico social. Es a este lector a quien Stoll dirige sus preocupaciones morales; es a este lector a quien espera instruir con la sabiduría y conocimiento de sus investigaciones, y es a este lector a quien Stoll busca enmendar en ciertas nociones erróneas que pudiera haber adquirido de su lectura del testimonio de la indígena maya-quiché. Una lectura cuidadosa del estudio de Stoll nos revela, por lo tanto, que la preocupación central de su documento no es la enmienda de la *verdadera historia* de Guatemala, ni de Rigoberta Menchú, ni la de todos los pobres guatemaltecos –tal como el título de su libro lo sugiere– sino la rehabilitación *moral* (léase ideológica) de este lector extraviado. Sólo a través de la enmienda que provee el estudio de Stoll, puede la Academia Norteamericana volver a ejercer su verdadera, y única misión: la transmisión de los verdaderos valores nacionales.

---

cas". En su obra *The Apologie for Poetry* Sir Philip Sidney destaca los efectos que todo texto debe tener en el público. Abrams se refiere a lo mismo cuando escribe: "It imitates only as a means to the proximate end of pleasing, and pleases, it turns out, only as a means to the ultimate end of teaching" (14).

Que el lector de Stoll sea un académico, no debe llamarnos la atención. A medida que el relato va progresando notamos más y más la insistencia del "estado lamentable" de la academia actual. Señala concretamente el antropólogo la transformación de las instituciones académicas norteamericanas llevada a cabo por ideólogos académicos de izquierda entre los que incluye a estudiosos de la postmodernidad –Gayatri Spivak y Edward Said, entre otros– ideólogos de *izquierda* convertidos en voceros del *victimismo*, profesores de literatura responsables de los estudios colonialistas y, por último, todo intelectual "afraid to ask the tough questions ... and afraid to speak the truth" (245).

Sospechamos que el obsesivo auscultamiento de la *verdadera historia* de los pobres guatemaltecos y el rechazo del texto de Rigoberta Menchú pone en juego un arsenal ideológico muy en boga en ciertos círculos conservadores de la academia norteamericana. Después de concluir que Rigoberta Menchú *no puede* representar a los campesinos indígenas oprimidos ya que se encontraba en París cuando Burgos-Debray la conoció, D'Souza cuestiona –al igual que Stoll– a quién exactamente representa Menchú[15]. Su respuesta, también semejante a la de Stoll, no deja lugar a dudas: "The answer is that she embodies a projection of Marxist and feminist views onto South American Indian culture". Critica, por consiguiente, que, "Rigoberta's peasant radicalism provides independent Third World corroboration of Western progressive ideologies" (72). Al igual que Stoll, D'Souza concluye que Menchú "is really a mouthpiece for a sophisticated left-wing critique of Western society" (72). Por otro lado, y en semejanza al texto de Stoll, D'Souza señala que la categoría de *victimismo* en la que se ha colocado Menchú ha sido responsable de su visibilidad. Aunque no se aventura hasta los extremos de indicar que ésta puede haber sido la razón por la cual la guatemalteca recibió el premio Nobel de la Paz, sí condena la noción de que la narradora oral se haya convertido en una *santa ecológica*, "made famous by her very obscurity, elevated in

---

[15] Léase el artículo de Bell-Villada, "Why Dinesh D'Souza has it in for Rigoberta Menchú" en *Teaching and Testimony*. 47–53.

her place in history as a representative voice of oppression"
(73). En el texto de Stoll encontramos el eco de D'Souza:
"sometimes Rigoberta Menchú is invoked as if she were a
patron saint authorizing an otherwise illegitimate excur-
sion into the affairs of her people" (12).

Motivado el académico norteamericano por corregir los
errores que los lectores pudieran haber obtenido de la
lectura del testimonio de Menchú y por su empeño en ne-
garle a la indígena maya-quiché una autoridad a su relato
oral, que, según él, no le corresponde, Stoll construye *su*
relato basado en la *verdadera historia* de Guatemala. El
análisis de sus enunciados revela la futilidad de los es-
fuerzos del antropólogo por dos razones fundamentales. En
primer lugar, el relato de Rigoberta Menchú no está basado
en lo personal sino en lo colectivo. La experiencia personal,
el *yo* de su relato oral, es la resonancia del acaecer de la
colectividad. Este énfasis subraya además, la realidad de
las culturas testimoniales, que, dicho sea de paso, no han
sufrido el impacto del liberalismo individualizador y egocentrista que impera en Occidente desde el siglo XIX. Antes
bien: en lugar de la *verdad* histórica a la que alude Stoll, o
de una ventana hacia la *realidad*, nos encontramos en los
relatos orales con códigos y mecanismos de verosimilitud
cuya función no es otra que la de crear el efecto de lo real y
de suprimir toda referencia directa a las convenciones es-
criturales empleadas (Sklodowska 121). Estos códigos y mecanismos se reflejan a través de la *heterogeneidad* que es el
rasgo principal que distingue el discurso de Menchú. Al
mismo tiempo, la *heterogeneidad* confronta y niega la
autoridad del discurso de los científicos. En *Rigoberta Menchú. The Story of All Poor Guatemalans* Stoll refleja la
nostalgia que siente por un espacio único a cargo de un
sujeto autorial y autoritario, único y singular. En definiti-
va, el relato *verdadero* de Stoll llega traicionado por la contenida en la palabra oral de Rigoberta Manchú.

La segunda razón por la que el relato de la indígnea
maya-quiché revela la insustancialidad del discurso antropológico radica en la oralidad de su palabra. Es a través de
ésta que el relato representa una *verdad* histórica alejada

del concepto de *verdad* tal como la entiende una cultura occidental, ladina y basada en la escritura. En tanto que la *verdad* científica se auto-representa a través de la letra de la institución escritural, la voz del relato de Rigoberta representa la voz de las culturas ágrafas y orales. Este hecho tiene enormes implicaciones para nuestro acercamiento al documento de Stoll, al análisis del estudio de Elisabeth Burgos-Debray y al relato de la testimoniante. La *verdad* diverge dependiendo del sistema cultural que se utiliza para representarla. La *verdad* de Rigoberta llega íntimamente vinculada a su sentido de comunidad a la que pertenece. Por lo tanto, su relato basado en el *yo* habla por un *nosotros* con los que ella se siente íntimamente vinculada. En el estudio de Stoll y de Burgos-Debray, la *verdad* llega íntimamente vinculada al sentido de la personalidad invididual e individualizada que caracteriza el pensamiento occidental y escritural.

En los últimos años empiezan a aparecer documentos antropológicos en América Latina y en los Estados Unidos en los que se propone la posibilidad de una relación nueva entre el testigo, constructor de relatos orales, y el científico a cargo de su recolección. En algunos de ellos se pone en juego el elemento de autoridad que proviene de la presencia del científico social o de la relación entre la escritura y la oralidad. Como modelo de este tipo de estudio hemos seleccionado la obra de Ruth Behar, *Translated Woman. Crossing the Border with Esperanza's Story*[16]. Nos detenemos brevemente en su análisis con el propósito de demostrar en qué sentido el trabajo de Behar es una continuidad del estudio antropológico más tradicional y de qué manera desborda estos parámetros. Empezaremos por lo primero. La ausencia del nombre completo de la narradora no se autorepresenta como agente del relato, sino como objeto del mismo. Como tal, la autoridad que podría emanar del relato oral de la narradora parecería estar relegada a una posición secundaria. Esto se confirmaría con el hecho de que el

---

[16] Una aproximación semejante a la de Behar se encuentra en el excelente trabajo publicado en 1995 por Philippe Bourgois, *In Search of Respect. Selling Crack in El Barrio.*

nombre de la antropóloga, Ruth Behar, es el único que aparece como autora del texto. Se podría especular, por otro lado, que la ausencia del nombre de la narradora responda al deseo de Behar de querer proteger la identidad de su narradora al proporcionarle un nombre ficticio. Al final del Prefacio Behar observa que tanto su comadre como ella decidieron hacer uso de seudónimos para todos los personajes de la obra. "Esperanza Hernández" sería el de la narradora. La dificultad de aceptar esta posición, estaría basada en el hecho que Behar es el único personaje en el texto que no asume un seudónimo a pesar de considerarse ella misma un personaje más en el relato, "I stand revealed through the book as a character in the narrative" (273).

La falta de un seudónimo que enmascare el discurso de la antropóloga, la ausencia del nombre verdadero de la narradora como co-autora de la obra en el título del texto, nos lleva a concluir que lo que está de por medio es el elemento de autoridad de los científicos sociales. Si añadimos a esto la base autoritaria del discurso de las ciencias sociales que proviene del pensarse poseedor de un cierto conocimiento, ajeno al narrador oral, y del saberse presente en el momento del relato no nos cabe ninguna duda que Ruth Behar comparte con sus colegas semejantes sentimientos de autoridad ante el relato oral. Pero el elemento de autoridad que conlleva el documento de esta antropóloga adquiere rasgos adicionales que minimizan, y hasta niegan, su contenido hegemónico. Esto se revela cuando la autoridad del *yo* se confronta al discurso oral. No se encuentran en el estudio de Behar estrategias establecidas de distanciamiento entre su palabra y la de su testigo. No se esconde ésta detrás de la palabra de la hablante ni adopta la actitud de que la representación del signo gráfico sea una representación directa del relato oral y mucho menos de la *factualidad* de los eventos que describe. Muy por el contrario: su estudio apunta a la íntima relación entre la palabra de Esperanza y la suya. Dicha conexión se lleva a cabo a dos niveles. El primero ya se ha señalado: la profesional como un personaje en el relato de la mexicana. El segundo nivel se basa en el conocimiento de que el discurso de Esperanza no sólo revela la "historia de su vida" sino también la "historia de la vida" de Behar. Aún más: la "historia" de Esperanza está tan estrechamente entrelazada con la de Behar que en ciertos momentos de la lectura se hace imposible separar una de la otra. La antropóloga utiliza la imagen del "espejo" para acentuar la dualidad del relato de la narradora, el cual contiene no sólo la palabra popular sino también la suya: "I hold up a number of mirrors to my comadre's story, mirrors large and small, that are as revealing of me as they are of her" (273). Añade Behar que al final del relato de Esperanza, su voz vuelve a surgir para cuestionar las razones de sus funciones autoriales:

> And at the end of the book, I [Behar] emerge from the shadow of the biography to make a fuller connection back to my own life story from Esperanza's story, translating myself to dig down into the tangled roots of how I attained the authority to be the one inscribing my comadre's historia in this book (273).

Esta última cita es muy reveladora de la percepción que Behar mantiene de las nuevas funciones del antropólogo a cargo de la transmisión de los relatos orales. En primer lugar, no se ve como la autora del relato de Esperanza sino como su traductora —en este caso de la oralidad a la página en blanco. Pero la traducción es una actividad en la que ella misma está absolutamente inmersa. Por consiguiente, el acto de traducir tiene amplias ramificaciones para Behar: no sólo profesionalmente, sino y especialmente para su vida. De ahí que termine cuestionando su posición de autoridad ante el relato de Esperanza. Por último, la inmersión suya en el relato de Esperanza la lleva a confirmar la hibridez del testimonio, considerado por ella como "historia de vida" (life history). La presencia del discurso traductor con el oral popular hace que el testimonio sea un género híbrido, caracterizado por la dualidad de voces. Behar destaca que el relato oral de Esperanza se mueve entre dos instancias (la oral y la escrita), entre dos discursos (popular y científico), entre dos culturas (México y los Estados Unidos), entre dos lenguajes (inglés y español) y sin la autoridad que promueve los estudios de una "historia de vida" llevados a cabo por los antropólogos tradicionales. Todos estos criterios nos llevan al concepto del texto como frontera, y, por consiguiente, movedizo, escurridizo, elaborado por Gloria Anzaldúa hace ya más de una década[17].

Otro de los aspectos del testimonio tradicional que el estudio de Behar cuestiona está vinculado al aspecto autobiográfico del testimonio. Señala la especialista, y con mucha razón, que la autobiografía siempre ha sido un género problemático, y que lo es aún más cuando se trata de aplicar sus criterios a narraciones populares orales. Con una cita de Renato Rosaldo, apunta a la ilusión de universalidad que se le ha dado al género, especialmente en las culturas Occidentales. Nos recuerda que la definición de lo que es una persona, o del "vivir una vida" o del "narrar una vida", son construcciones discursivas con profundas implicaciones culturales y sociales. Esto se manifiesta claramente en los silencios de ciertos aspectos en la "historia de vida" de Esperanza, especialmente del vacío en la representación de expresiones afectivas o sentimentales.

Por último, cuestiona Behar la relación entre la escritura y el acto creativo. Utilizando como base el relato oral de Esperanza, cuestiona Behar qué significa escribir y cómo puede el discurso oral participar en la creación de la palabra de carecer el narrador el dominio del signo gráfico. La respuesta la encuentra la antropóloga en la redefinición de lo que se entiende por "escritura". Para ella la palabra escrita no es la única base de la grafía. El acto recordatorio en la construcción de una "historia de vida" es la base de toda escritura. Mi comadre, señala la antropóloga, sin siquiera haber puesto un lápiz sobre el papel "has been writing the story of her life since she was five years old" (xii). Basándose en las múltiples repeticiones de sus impresiones y recuerdos Esperanza es la verdadera y única escritora de este texto: "having an historia of her life to tell, that is at the heart of her ability to rename and remake the world into which she was born" (270). La función de la antropóloga, por lo tanto, está relegada a representar las palabras que surgen del proceso recordatorio de Esperanza en la pá-

---

17 Véase especialmente su obra, *Borderlands / La Frontera. The New Mestiza* (1987).

gina en blanco, en otras palabras, a traducir el discurso creado por la narradora. La función de traductora la desempeña, además, bajo la instancia del discurso oral: "my comadre left me the task of putting the words down in this book" (xii).

Como se verá en el capítulo dedicado al análisis de los relatos orales en *Habla la ciudad*, la transcripción de los testimonios llevados a cabo por los estudiantes sanmarquinos se aproxima a los nuevos criterios que establece la antropóloga norteamericana. Entre éstos se destacan la disminución en la autoridad de la palabra antropológica basada tradicionalmente en la presencia del antropólogo y en su conocimiento. Como veremos en la elaboración de ese capítulo, los transcriptores sanmarquinos son los que menos autoridad se prorrogan en la transcripción del habla de los hablantes limeños. Con la disminución de la autoridad, emergen otros rasgos entre los que se distinguen el trabajo en equipo, por un lado, y el anonimato de su identidad individual, por el otro. Buscan ser lo más transparentes dentro de lo posible, y por ello no adelantan opinión ni extraen juicios críticos de los relatos. El resultado es que los testimonios que ellos transcriben están menos mediados y su presencia es mínima en el proceso. Como resultado, la transcripción de los relatos orales a la página en blanco llega menos mediatizada o, como dirían los teóricos de la información, refleja un mínimo de "ruido" o de "distorsión profesional".

I

EL TESTIMONIO PERUANO

Los autores de los cinco testimonios peruanos analizados en nuestro trabajo provienen del tipo de narradores que hasta los años cuarenta no habían contado con canales oficiales de expresión por pertenecer a sociedades o grupos marginados de la cultura oficial. Las pautas de su discurso provienen de una tradición oral; el tono de sus relatos es conversacional. La mayoría de los narradores son de origen indígena, quechuas o aymaras monolingües. Pertenecen a grupos migratorios provenientes de la sierra y selva peruanas aunque en el momento de sus relatos, se encuentran establecidos en ámbitos urbanos.[18] Su lengua materna, debido a la migración y a su contacto con el castellano de las regiones urbanas, ha sufrido transformaciones considerables. Myers, estudiosa del tema, señala que el lenguaje que domina en las regiones urbanas donde moran los habitantes migrantes no es ni el castellano ni el quechua, sino un quechua modificado (166).[19] En los casos en que los

---

[18] Concientes estamos de la dificultad en la utilización del término "indígena" por la ambigüedad que rodea sus definiciones en la actualidad. Expresadas estas reservas, continuaremos con su utilización en nuestro estudio por reconocer su uso frecuente.

[19] Con el deseo de comprender los cambios del discurso quechua, Myers se entrevista con varias mujeres de la región del Apurímac localizadas en Lima, entre octubre de 1969 y marzo de 1970. Las transcripciones y conclusiones de su análisis las elabora en el capítulo VII, titulado, "Four Women from Apurimac: Case Studies in Language Shift" 128–159.

relatos han sido narrados en lenguajes amerindios, los científicos sociales, o mediadores del relato, los han traducido al castellano. La presencia de los registros de los idiomas indígenas en estos relatos, por estar orientados a un público de habla castellana, es bastante limitada. En la mayoría de los casos el lector confronta un texto cuyo lenguaje es un híbrido de varios discursos.[20]

El obstáculo lingüístico que hasta hace poco ha venido afectando la producción de toda la narrativa peruana ha sido la separación radical de los lenguajes amerindios con el castellano. José María Arguedas se refería a esta situación como "la angustia" de la lengua: el bilingüismo entre el quechua y el castellano.[21] El autor de *Los ríos profundos*,

---

[20] Los relatos de testimonios analizados no caben en los parámetros del breve número de obras escritas en quechua, las cuales participan del canon literario latinoamericano. Nos referimos específicamente al *Ollantay* (mencionado por primera vez en 1837 por Manuel Palacio en la revista del Cuzco, *Museo Erudito*), a los dos volúmenes de *Antigüedades peruanas* publicados en Viena por Mariano E. Rivero y J. J. von Tschudi, y al *Dramatische und Lyrische Dichtungen der Keshua-Sprache*, sobre la literatura quechua, publicado por E. W. Middendorf en Leipzig en 1891. No se trata tampoco de la literatura quechua oral de las canciones y las narraciones decimonónicas como aquéllas registradas por Middendorf en sus viajes por el Perú, ni aquéllas incluidas en el corpus de la literatura indigenista. Los textos míticos al estilo del *Inkarrí* tampoco se han incorporado. La ausencia directa del texto quechua no significa, sin embargo, que muchos de los elementos de la cultura quechua no se encuentren inscritos en el relato testimonial. Como veremos más adelante, el testimonio incorpora muchos de los textos provenientes de las culturas indígenas de donde proceden los hablantes. Al retomar estos textos, no sólo los continúa sino que los recontextualiza. El testimonio transforma los textos quechuas originales para darles cabida en las nuevas estructuras culturales que se vienen gestando en el Perú, especialmente en las culturas nacientes de las barriadas de la costa. De esta manera el testimonio inscribe elementos de la cultura andina, tradicionalmente sin acceso a la escritura narrativa.

[21] Mariátegui señala en sus *7 ensayos* ... que el dualismo quechua-español no se había todavía resuelto (204). Añadimos nosotros que la falta de resolución sigue pendiente, aunque se va moviendo hacia una dirección más determinada con la presencia de los testimonios.

profetizó la superación de esta aflicción en un futuro próximo, ya sea por su unión o por su separación: "Pero los dos
mundos en que están divididos estos países descendientes
del Tahuantinsuyo se fusionarán o separarán definitiva-
mente algún día: el quechua y el castellano" (Ortega *Texto*
90). Entretanto, continúa Arguedas, "la *vía crucis* heroica y
bella" del escritor bilingüe persistirá (*Texto* 90).

De otra parte, Eugenio Chang-Rodríguez señala que el
Perú actual no tiene una naturaleza bipolar en la que
dominan solamente las lenguas amerindias y el castellano;
por el contrario, el Perú es "un país multiforme, con gran
diversidad de componentes tanto en sus aspectos sustantivos como adjetivos" (392). Con respecto a la condición del
indio peruano el crítico concluye que ésta no es sino parte
de un todo abigarrado, a la vez multicultural y multilingüe
(392). Scorza se refiere, asimismo, a que la naturaleza lingüística del Perú es poligonal, poliédrica; prevalece en ella
una multiplicidad de caras: la criolla, la india, la negra, la
china y la selvática. Según el autor de *Cantar de Agapito
Robles*, cada una de estas caras representaría a los *países*
individuales que componen la totalidad del pueblo peruano,
"todos estos países tienen diversos tipos de sensualidad, de
moral y de actitudes ante el mundo" (Forgues 10). Baste
decir que aunque los relatos orales llegan traducidos al
castellano conllevan en su representación signos evidentes
de lenguajes y culturas amerindias. La multiplicidad de formas y de textos que define a este género responde a las demandas llevadas a cabo por los nuevos procesos políticos,
sociales y culturales del Perú. Especialmente nos referimos
a la cristalización de una perspectiva popular no lograda
previamente en los parámetros literarios tradicionales. Con
este nuevo género se articulan los puntos de vista de sociedades y culturas multiformes y conflictivas.

Entre los antecedentes al testimonio peruano se puede
señalar un texto importante en la historia de la literatura
peruana, la crónica. En las crónicas de la conquista del
Perú –siglos XVI y XVII–, los elementos de la realidad, de
lo imaginario y de lo ideológico en general, jugaron un papel de primer orden. Más adelante se producen obras empa-

rentadas con estas primeras crónicas, tales como *El laza-rillo de ciegos caminantes* de Concolorcorvo, "manual para viajeros, con algo de documento, crónica, tradiciones populares, cuadro de costumbres, chistes, anécdotas, diálogos de cierta gracia novelesca" del siglo XVIII. En el siglo XIX surge otro tipo de obra ligada, asimismo, a las crónicas originales. Ricardo Palma, en sus *Tradiciones peruanas*, combina una multiplicidad de textos entre los que dominan los libros de viajes, relatos de misioneros, refranes, dichos, coplas, leyendas y relatos populares.

Reyes Tarazona señala que las primeras crónicas con carácter de literatura moderna publicada en el siglo XX fueron dos obras de Ernesto Reyna, la primera publicada por entregas en la revista *Amauta* en 1929 y posteriormente editada en forma de libro en 1932, *El Amauta Atusparia,* y la segunda, *Fitzcarrald, el rey del caucho*, publicada en 1942 (*Cobriza* 9).

En las décadas de los setenta y de los ochenta del siglo XX, la revista *Narración* publicó bajo la dirección de Reyes Tarazona, tres crónicas en cuyas páginas se incluyó una serie de relatos de testigos orales vinculados a tres eventos políticos específicos. La primera, publicada en 1972 bajo el nombre de *Nueva Crónica y Buen Gobierno*, denunció las masacres de Huanta y Ayacucho cuando el gobierno decide suprimir la gratuidad de la enseñanza. La segunda, publicada también en 1974 y luego como libro en l981 por M. Gutiérrez, Vilma Aguilar y Ana María Mur, bajo el título de, *Cobriza, Cobriza 1971*, estaba basada en una huelga general de mineros contra la Cerro de Pasco Corporation entre el 26 de octubre y el 15 de noviembre de l971. La tercera crónica, publicada en 1979 y luego como libro en el mismo año por Oswaldo Reynoso, Vilma Aguilar, e Hildebrando Pérez Huarancca, con el nombre de, *Lucha del magisterio. De Mariátegui al SUTEP*, denunció la política del gobierno contra el magisterio. Señala que el paradigma de sus crónicas fue la obra de Guamán Poma de Ayala, *Nueva Crónica y Buen Gobierno*, título que le dió Reyes

Tarazona a su primera crónica publicada en 1971.[22] Observa, además, que la característica central de sus crónicas y lo que las diferencia de otras obras de "no ficción", es que están escritas por indios o mestizos que defienden a las comunidades indígenas. Se menciona, asimismo, el nombre del novelista peruano, Gregorio Martínez como colaborador especial de la revista.

En la Introducción, subtitulada, "Las crónicas de *Narración*", Reyes Tarazona trata de convencer al lector del elemento de verosimilitud implicado en todos los relatos orales de su obra. La realidad de los hechos que representa desempeña una función de tal profundidad y envergadura, que los textos deberían ser concebidos como la nueva historiografía peruana:

> ... fundamentalmente, [la crónica] es una obra basada en un hecho real, sea social o político, o en una vida, desde el punto de vista testimonial, o elaborada en base a reportajes, documentos, fuentes históricas (5).

Menciona, asimismo, que lo singular de estos textos es que sobre estas sólidas bases documentales surge una "historia viva" y que el lector siente en determinado momento el estar participando en los hechos mismos (11). El "pueblo" o, la "masa trabajadora", sería el héroe protagonista de esta nueva historia, y su memoria colectiva el recurso indispensable que los llevaría a la victoria: a la conquista del poder (12). Reyes Tarazona, entonces, busca registrar en estos textos una nueva historia, viva y popular, "tergiversada, silenciada, oculta por los cronistas e historiadores oficiales, aquéllos que ven la historia como producto de algunas individualidades" (11). Se pone especial énfasis en el hecho de que estas obras corresponden a situaciones sociales y políticas muy concretas, y que su tratamiento no es superficial sino el resultado de un trabajo de investigación y documentación serio y laborioso. Señalan los autores que toda la acción representada en las crónicas se sujeta rigurosamente a los hechos, a una reconstrucción basada

---

22 Véase el excelente análisis de Sara Castro-Klarén sobre la función del "autor" en la Crónica de Guamán Poma de Ayala.

en información a veces oral, testimonios, declaraciones, conversaciones, entrevistas, y a veces escrita: volantes, comu-
nicados, boletines informativos, periódicos, informes (11).

Sin embargo, el elemento de fantasía, de lo imaginario,
no desaparece en estas crónicas. Su presencia es tan importante como el contenido realista. Escribe Reyes Tarazona:

> La esencia de este género hay que buscarla en las nuevas rela-
> ciones entre la realidad y la imaginación, entre los hechos objeti-
> vos y la ficción, terrenos aparentemente bien delimitados, en
> donde por un lado se sitúan las ciencias sociales (historia, antro-
> pología, sociología) y el periodismo, y por otro, la narrativa (no-
> vela, cuento) y el ensayo literario (6).

Lo imaginario en las crónicas se revela en la forma de los
relatos, en su lenguaje, en el cambio de puntos de vista en
la representación de los sucesos políticos, en los desplaza-
mientos temporales, y en la alternancia de cambios de ritmo
en la narración. El "pueblo" y las "masas populares" son los
protagonistas del relato. Estos textos plantean "la necesidad
de que el narrador alterne la labor de creador de ficciones
con la de cronista capaz de escribir sobre las luchas más
inmediatas de nuestro pueblo" (10). Su estructura intertextual se manifiesta en diversas modalidades cada vez más
complejas:

> En ella se entrecruzan o llegan al máximo de sus posibilidades el
> reportaje periodístico, el testimonio antropológico, la recreación
> histórica, fundamentalmente, en combinación con las técnicas
> y lenguajes novelísticos y con el ensayo literario (8).

Las crónicas de la revista *Narración* mantienen una vinculación más que íntima con los relatos orales de los tes-
timonos peruanos. Es tal la semejanza entre ambos que nosotros pensamos en la posibilidad de que estas crónicas
sean los modelos directos del testimonio.

Aunque se han logrado muchos y excelentes estudios
sobre el origen y la influencia del Indigenismo y su impacto
en las letras peruanas nos detendremos brevemente en el
debate que actualmente se viene llevando a cabo alrededor
del texto indigenista por el acercamiento de estos debates

con nuestras preocupaciones por los relatos de testimonio.[23]
Dos son los puntos de conflicto: la definición del término, y
la inclusión o exclusión, de los autores canonizados como
indigenistas.[24] A estos debates habría que incorporar un
tercero, la noción de Carlos Franco quien cuestiona la existencia del "Indigenismo" en tanto presenta la posibilidad de
múltiples "Indigenismos". Rechaza el primero por encon-
trarlo formulaico, encubridor y equívoco: "[p]or su unitaris-
mo ... no transparenta la complejidad, la diversidad y los
cambios de los indigenismos realmentes existentes de comienzos de siglo" (65). Degregori menciona que aunque el
elemento étnico jugó un papel en la cohesión interna de
Sendero Luminoso no se le puede considerar ni un movimiento indígena ni mucho menos indigenista por su aproximación ideológica clasista:

> *Sendero Luminoso* prefiere refugiarse en un reduccionismo cla-
> sista que ignora la dimensión étnica y tiende a desechar cual-
> quier revaloración cultural andina como "folklore" o manipula-
> ción burguesa (206).

Un punto central en el debate del Indigenismo es aquél
vinculado a la presencia de la voz amerindia y al hecho de
si los escritores indigenistas han estado capacitados, y dis-

---

[23] Un excelente estudio reciente de los orígenes políticos del Indigenismo se encuentra en el artículo de Marisol de la Cadena, "From
Race to Class: Insurgent Intellectuals *de provincia* in Peru, 1910-
1970." *Shining and Other Paths* (22–59).

[24] Eugenio Chang-Rodríquez, uno de los pensadores y estudiosos más
importantes del Indigenismo peruano, señala 1926 como el año
cumbre en la formulación del "nuevo" Indigenismo, con la publicación del poemario *Ande*, de Alejandro Peralta. A Clorinda Matto de
Turner, Ciro Alegría, Luis Valcárcel, Enrique López Albújar, José
María Arguedas, y Manuel Scorza, se les ha considerado como los
escritores peruanos más representativos de este movimiento.
Otra posición de interés en el debate de los varios Indigenismos la
representa el crítico Julio Ortega. Frente al Indigenismo de Arguedas, por ejemplo, sugiere el crítico peruano que con *Los ríos profundos* se clausura el viejo Indigenismo en tanto se revela una nueva
literatura más moderna, con la cual el universo indígena peruano
"se convierte en ficción, en el lenguaje ficticio de una verdad no
menos irrefutable, aquélla de la imaginación lírica y la denuncia
moral, de la percepción mítica y la opción poética" (9).

puestos, a representar la polifonía de voces representada en la palabra amerindia. Lienhard nos recuerda que en la novela tradicional indigenista esta palabra se expresa a través del autor:

> ... en el caso del Indigenismo literario, se trataba para los escritores indigenistas tradicionales de substituir a la palabra 'inexistente' de los indios quechuas o aymaras la voz autorizada del autor; y la voz autorizada del autor se justificaba a través del conocimiento que el autor pretendía tener del mundo indígena (13).

Antonio Cornejo Polar nos recuerda, por su lado, que toda la literatura que trata el tema indígena, por más comprometida que sea, no deja de representar los valores literarios de las clases dominantes (*Vigencia* 13). Según el ya fallecido crítico, para el relato indigenista, formulado anterior a la escritura arguediana, el mundo indígena no era otra cosa que un referente, es decir, "un objeto del cual se iba a hablar ... una realidad que iba a ser revelada por el escritor" (*Vigencia* 43). Esto cambia con Arguedas al hacer hablar al referente, cediéndole la palabra. Sólo de esta manera, nos recuerda el crítico peruano, que la realidad indígena pasa de ser un polo pasivo a uno dinámico y activo. De esta nueva condición van saliendo a la superficie nuevas formas de expresión, nuevos símbolos, "que revierten en el proceso de producción y lo transforman" (43).

Intelectuales como José Carlos Mariátegui y Antonio Cornejo Polar han señalado que una verdadera obra indigenista puede sólo ser escrita por un indoamericano; en otras palabras, el verdadero relato indigenista necesita ser portador *directo* de la voz indígena. De tomarse esta postura como la pauta definidora de la narrativa indigenista implica, por consiguiente, una revalorización de algunos de los rasgos que tradicionalmente han definido al Indigenismo.[25] El debate de la narrativa indigenista no deja de

---

[25] Importantes trabajos se han logrado sobre la problematización del Indigenismo en las obras de Arguedas. Lienhard, por ejemplo, sostiene que en la obra de Arguedas, "hay una afirmación constante de la existencia de una expresión cultural propia de los campesinos quechuas" (14). La presencia de estos aspectos culturales indí-

tener cierto interés especialmente si se toma en consideración la opinión que los autores mismos mantienen de su posición como parte del movimiento. Arguedas, por ejemplo, refutó este término en lo que concernía a su propia narrativa; abogaba a favor del término "andino", vocablo generalizante, según él, y relativo a un conjunto cultural:

> Se ha dicho de mis novelas *Agua* y *Yawar fiesta* que son indigenistas o indias. Y no es cierto. Se trata de novelas en las cuales el Perú andino aparece con todos sus elementos, en su inquietante y confusa realidad humana, de la cual el indio es tan sólo uno de los muchos distintos personajes (Ortega 81).

Algo semejante ocurre con la obra de Manuel Scorza, aunque en este caso es el escritor mismo quien invoca la estrecha relación entre su escritura y la voz de la alteridad. En una entrevista con Roland Forgues menciona que uno de los méritos de su novelística es el de haberse eliminado la noción de "autor" para dar la palabra a los "que no están aquí" (Forgues 11). Es tal el deseo de Scorza de eliminar la persona autorial que en una de sus novelas, *Redoble por Rancas*, los relatos vienen narrados por indígenas muertos en luchas por la recuperación de sus tierras. El novelista concluye que sólo los indígenas "pueden ser los cronistas de su propia derrota" (Forgues 35). Scorza sugiere que como contrapartida de la condición ahistórica en que se ha encontrado el *Otro* se viene forjando ahora una historia paralela a la oficial, una contrahistoria si se quiere, basada en el mito:

---

genas en la obra del autor de *Yawar fiesta* tiene el mérito de señalar que existe una voz en los campesinos quechuas. Para Cornejo Polar, José María Arguedas no pretende sustituir ni hablar a partir de la posición de un indio quechua o de un "serrano pobre", domiciliado en la costa, "[la obra de Arguedas] no pretende ser la voz del pueblo: este escritor... nunca puede expresar el sentir de las capas populares directamente" (*Vigencia* 20). Sin embargo, en lo que sí insiste Arguedas, es en representar el papel de vínculo entre el mundo indígena y el no-indígena, y en la creación de las bases para un nuevo tipo de literatura, una literatura que si bien mantiene sus vínculos con la literatura dominante ... se orienta en otra dirección ... Una literatura por lo menos con tendencia más democrática, más popular y también, al mismo tiempo, menos mistificadora (*Vigencia* 20).

> ... para existir espiritualmente los salvados del naufragio preco-
> lombino ... necesitan refutar esa historia. La única manera de
> hacerlo es crear otra historia que es el mito (Forgues 36).

En los últimos años, se han venido forjando nuevas
definiciones de la novela indigenista más en consecuencia
con la complejidad y contradicciones subyacentes a este tipo
de obras.[26] Tal vez el crítico que más haya aportado en esta
dirección sea Antonio Cornejo Polar. En 1982 desarrolla la
noción del carácter heterogéneo del Indigenismo, razón por
la cual no sólo estas obras asumen los intereses del campesino indígena, sino que también asimilan, en varios niveles, formas literarias pertenecientes orgánicamente al
referente. Añade que por esta doble asimilación del Indigenismo, de intereses sociales y de formas estéticas, el
trabajo crítico sobre la literatura indigenista no puede seguir realizándose en función excluyente del criterio de "in-
terioridad". En *Sobre literatura* escribe:

> Es habitual, en efecto, que la crítica examine los textos indige-
> nistas en términos de una relación mimética entre represen-
> tación literaria y referente, presuponiendo que esa relación será
> tanto más valiosa y esclarecedora cuanto más interior ("desde
> dentro") sea la perspectiva del autor. Aunque el Indigenismo
> tiene una inequívoca vocación realista, y aunque sus obras efec-
> tivamente intentan plasmar representaciones fidedignas del
> mundo indigenista, lo cierto es que –al lado de esta capacidad
> mimética– el Indigenismo ensaya otra forma de autenticidad,
> más compleja, que deriva de la mencionada asimilación de cier-
> tas formas propias del referente, asimilación que implica un
> sutil proceso artístico que obviamente es tan importante –o
> más– que el cumplimiento de la decisión realista (84–5).

Subraya, por consiguiente, el contenido simbólico del lenguaje heterogéneo arguediano. En oposición a la opinión de
muchos de los estudiosos de la obra del autor del *Los ríos*

---

26 Anne-Marie Aldaz, por ejemplo, señala en 1990 que el ciclo de la
narrativa de Manuel Scorza representa una contribución a la temática. Concluye, por consiguiente, que: "in view of the thematic
similarities between his works and those of indigenistas authors, it
is clear that, as far as their contents is concerned, his novels
should be labelled 'indigenistas.' Stylistically, however, Scorza goes
beyond 'indigenismo' and therefore is more appropriate to call him
a 'neo-indigenista' author" (154).

profundos que piensan que su novedad radica en la abundante incorporación de vocablos quechuas, Cornejo Polar señala que la matriz sintáctica del lenguaje arguediano es quechua pero que se realiza léxicamente en español (85).

En 1984 Antonio Cornejo Polar elabora aún más su pensamiento teórico sobre el Indigenismo; acuña el término "neoindigenismo" para referirse a la producción de las nuevas narrativas indigenistas. En 1984 Cornejo Polar menciona que la narrativa indigenista peruana consiste en tres momentos particulares, el indianismo, el indigenismo ortodoxo y, el neoindigenismo. ("Sobre el 'neoindigenismo'" 549). El neoindigenismo, que es el período que más nos interesa por su aproximación al testimonio, surge a partir de la década de los cincuenta. Sus características, y las razones que lo diferencian de los dos períodos anteriores, son, en primer lugar, el uso de una perspectiva mitopoética, la cual permite revelar las dimensiones míticas del universo indígena sin aislarlas de la realidad. La presencia del mito hace posible la formulación de imágenes más profundas y certeras de ese universo. Un segundo rasgo es la intensificación del lirismo como categoría integrada al relato. En tercer lugar se encuentra la ampliación, complejización y perfeccionamiento del arsenal técnico de su narrativa mediante un proceso de experimentación. Por último, hace posible el crecimiento del espacio de la representación narrativa en consonancia con las transformaciones reales de la problemática indígena, cada vez menos independiente de lo que sucede a la sociedad nacional como conjunto ("Sobre el 'neoindigenismo' " 549). Para Cornejo Polar, estos cuatro aspectos del neoindigenismo hacen posible la superación de los logros alcanzados por el indianismo y el indigenismo ortodoxos.

Como veremos en el análisis de los testimonios peruanos, estos rasgos definen cada uno de los relatos orales. Los sujetos del relato llegan sólidamente inscritos en culturas indígenas que son las que les brindan múltiples referencias y los instalan en un masivo interdiscurso con el que dialogan contínuamente. Sus voces se hacen portadoras de otras de múltiples voces. Mediante esos otros discursos los narradores se identifican con todo un pueblo, con su historia y su cultura y participan personamente en la configuración de un vasto sujeto colectivo (*Escribir* 228).

La representación de la alteridad es también un tema que preocupa a los escritores peruanos contemporáneos, entre los que se destaca Mario Vargas Llosa. Es evidente que el reconocido novelista ha reflexionado sobre la problemática que plantea para las letras peruanas la representación del *Otro*. Sin ir demasiado lejos, recordemos *La casa verde* (1966), *Pantaleón y las visitadoras* (1973), e *Historia de Mayta* (1984). Pero es con *El hablador* (1987), que el escritor participa del debate vinculado a la alteridad y a la ambigua relación entre oralidad y escritura. Esta preocupación la manifiesta en la creación de una figura central en la cultura machigüenga, el *hablador* o, como el narrador/escritor de la novela lo clasifica, "uno de ese invisible linaje de contadores ambulantes de historias" (234). Los machigüengas ocupan la región del Alto y Bajo Urubamba y en la actualidad se encuentran concentrados en las siete "Comunidades Nativas" establecidas por el gobierno militar del General Juan Velasco Alvarado en 1974 y denominadas, Chirumbia, Koribeni, Sangobatea, Matoriato, Shimáa-Shimendaato, Malankato, y Pogentimari.[27] Tal como su nombre lo indica, la función principal del *hablador* machigüenga consiste en trasladarse de una comunidad a otra, recitando —a través de la palabra oral— múltiples versiones del archivo folklórico y mitológico de su

---

[27] Dos fueron los motivos que encauzaron la explotación de la región del Urubamba en el siglo XIX. En 1847 el botánico francés, H. A. Weddell, descubrió que de la corteza del árbol de la Chinchona se podía extraer la quinina; producto de gran importancia como remedio contra la malaria. Veinte años más tarde se vería en la región una segunda, y radical, transformación en el área de lo que se ha denominado como el auge en la producción del caucho. Escribe Rosengren, "The rubber boom meant a sudden inflow of a large number of *caucheros* in the wake of whom lawlessness and exploitation of the native groups followed" (41). En 1915 decae en esta zona la explotación del caucho.

tribu. Incorpora en sus relatos, asimismo, detalles de sus viajes y chismes de las comunidades.[28]

En el capítulo siete de la novela se revela que el *hablador* había sido un amigo del narrador. Saúl Zuratas, denominado también *Mascarita* por un lunar que le desfiguraba la cara, era limeño, judío y antiguo compañero de los años universitarios del narrador central de la novela. Especialista en etnología Zuratas había sostenido desde sus años de estudiante una visión de simpatía por los machigüengas y por su supervivencia en la selva. Creía que a éstos se les debería permitir seguir viviendo sin perturbación alguna aunque percibía la inevitable llegada de la modernización y la consiguiente desaparición de la tribu. Se lamenta porque ya se empezaban a vislumbrar algunos cambios entre los mismos machigüengas, los cuales presagiaban un futuro nefasto: la gradual desaparición de *seripigaris* (brujos o curanderos) y la consiguiente disminución de la sabiduría. Por otro lado, al reflexionar sobre Zuratas y el borrón que significa el vacío que deja su desaparición, el narrador/escritor explica que la obsesión de su amigo por los machigüengas se debió en gran medida al sentimiento de marginalización que éste compartía con aquéllos:

> Creo que su identificación con la pequeña comunidad errante y marginal de la Amazonía tuvo algo que ver ... con el hecho de que fuera judío, miembro de otra comunidad también errante y marginal a lo largo de su historia, un paria entre las sociedades del mundo en las que, como los machigüengas en el Perú, vivió insertada pero no mezclada ni nunca aceptada del todo (*El hablador* 232).

Conviene recordar que la posición del ex-estudiante de etnología sobre la llamada "modernización" de la Amazonía representa uno de los dos lados del debate que se venía llevando a cabo en los años sesenta y setenta en las uni-

---

28 Jean Franco señala que los relatos del *hablador* además de incluir los mitos machigüengas incorporan también la historia de los indios a partir del auge del caucho, reflexiones sobre los judíos, sobre la *Metamorfosis* de Kafka, y detalles sobre su propio aprendizaje como *hablador* (17).

versidades peruanas. El otro lado de la contienda sostenía la noción de que la Amazonía debería ser desalojada de sus habitantes para así poder ser colonizada y "desarrollada". El narrador de la novela nos recuerda que muchos estudiantes de Lima salieron durante sus estudios universitarios rumbo a la sierra o a la selva peruanas, "espoleados por una mezcla de deseo de aventura y disgusto de la vida capitalina" (*El hablador* 232). Rosengren nos recuerda que en los dos períodos de la presidencia de Belaúnde Terry (1964-1968 y 1980-1985) surgieron varios proyectos orientados a la integración de la selva y de la montaña a la economía nacional. Menciona la construcción de carreteras que conectaban la región con el resto del país. En 1965 se derogó una ley con la cual los Departamentos de Loreto, San Martín, Amazonas, Madre de Dios, Cusco, Junín, Pasco, Ayacucho, Apurímac, Puno y La Libertad estaban exentos de pagar impuestos (47). Las ganancias logradas por esta nueva ley, no fueron reinvertidas en la región sino que salieron rumbo a Lima y luego a Miami, en Estados Unidos.

Pero una mirada cuidadosa en la representación del *hablador* foráneo y su relación con los machigüengas, nos revela que Vargas Llosa parece estar menos preocupado por la representación de los registros de la cultura machigüenga *per se* que por la relación de estos registros con la "modernidad". Puesto en el contexto de la novela vargasllosiana, y de nuestro trabajo, se podría afirmar que la inquietud central del reconocido novelista es la oposición entre la oralidad y la escritura, con los machigüengas como representantes de la primera y el narrador/escritor de la segunda. El papel de *Mascarita* como *el hablador* machigüenga podría percibirse en cierto momento como un puente entre ambos mundos, aunque como comprobamos al final de la novela, un puente cuya función no es la de conectar la oralidad con el signo gráfico, sino por el contrario, un puente cuya función es la de desconectar una para beneficio de la otra, la de suplantar una con la otra. Aunque Zuratas se comunica con los machigüengas a través de la oralidad, sus relatos orales llegan enmarcados por la representación del signo gráfico. En otras palabras, nosotros somos de la opinión que Vargas Llosa utiliza la oralidad de la palabra machigüenga para elucidar la naturaleza de la escritura y para demostrar la superioridad del signo gráfico sobre el oral. Jean Franco menciona que la novela, "quizás tenga menos que ver con la causa de lo indígena y más con el dilema del escritor contemporáneo y su nostalgia por la integración de una comunidad que caracterizaba al narrador tradicional" (17).

El problema que nosotros vemos en la representación vargasllosiana del *hablador* radica, entonces, en que *Mascarita* representa la imposición del discurso occidental basado en la escritura frente al oral de los machigüengas. No debemos olvidar, por otro lado, que el ex-estudiante de etnología, como *hablador* machigüenga habla *por* una sociedad desfamiliarizada con el signo gráfico aunque para beneficio nuestro como lectores: un público letrado, receptor de la novela vargasllosiana. Al aproximarnos al final de *El hablador*, el relato del narrador va dominando sobre la oralidad del *hablador* hasta llegar al punto de eliminar cualquier posibilidad de audibilidad de la palabra oral. En el capítulo siete se desenmascara la ilusión de una transcripción directa de la interpretación de la oralidad en tanto se confirma la firmeza y la constancia de la escritura. En el próximo capítulo, el octavo, nos encontramos con la representación única de la palabra del narrador/escritor y, por consiguiente, de la autoridad de la palabra homogénea de la grafía.

Se hace necesario recordar, asimismo, que, en los relatos de los testimonios incorporados a nuestro estudio son los testigos indígenas quienes relatan sus historias, y son los científicos sociales quienes suplen la función del "hablador" semejante a la de *Mascarita* en la novela vargasllosiana. Como veremos en los próximos capítulos, la voz del profesional en la gran mayoría de los relatos populares está tan íntimamente vinculada a la del testigo que en muchos casos es difícil percibir la separación entre la una y la otra. Así como el ex-estudiante de etnología interpreta la mitopoética de los machigüengas para beneficio de sus "escuchadores", el profesional desempeña una función semejante. Es éste el responsable de recoger, seleccionar, transcribir y difundir –en otras palabras, de interpretar– los relatos de la alteridad para beneficio nuestro y del público letrado. Tal como nos lo recuerda Cornejo Polar, aunque entre la oralidad y la escritura "hay una ancha y complicada franja de interacciones" cada cual se caracteriza por tener sus propios códigos, sus propias historias y sus propias maneras, fuertemente diferenciadas, de entender el mundo (*Escribir* 25).[29] En la novela de Vargas Llosa se busca crear la ilusión de unidad, de armonía, entre lo uno y lo otro.

Los cinco testimonios incorporados en nuestro estudio se publicaron en la década de los '80 aproximadamente: el primero en 1977 y el último en 1999. La producción de los cinco relatos orales se logró durante el segundo período de gobierno del presidente Fernando Belaúnde Terry y el gobierno del presidente Alan García Pérez. Es este también el período de mayor activismo político de *Sendero Luminoso*, inclusive reconocido como la *guerra de las guerrillas*. Tal como veremos en los capítulos individuales dedicados al testimonio, la producción de los relatos orales está íntimamente ligada a etapas específicas en la historia peruana. Su elaboración coincide con una etapa en la que las agrupaciones populares de vena indígena empiezan a adoptar papeles importantes en la política del país: cada uno de los relatos, por lo tanto, reflexiona y comenta los diferentes períodos sociopolíticos en los que se lleva a cabo su producción.[30]

---

29 El tema de las diferencias entre ambas instancias ha sido magníficamente estudiado por Walter G. Ong en su *Oralidad y escritura* y ahora último por Martín Lienhard. Este último en especial en su libro, *La voz y su huella* (1991).

30 Vale recordar que la dominación española y luego la República favorecieron la desestructuración étnica de la población indígena peruana, lo cual determinó su fraccionamiento en múltiples comunidades aisladas, con diferentes grados de sometimiento a propietarios y caudillos. La población popular se constituyó desde entonces en una masa indiferenciada, sometida a los variados intereses señoriales. Como resultado, las poblaciones indígenas durante el siglo XIX no llegaron a ser protagonistas en el desarrollo nacional y estatal. El desarrollo capitalista que experimentó el Perú a principios del siglo XX creó un nuevo tipo de contradicciones entre los propie-

Hasta la década de los sesenta, la economía del Perú estaba primariamente basada en la exportación de materia prima. El papel del gobierno era hasta entonces relativamente pasivo. Su mayor preocupación radicaba en el mantenimiento de las condiciones básicas de estabilidad política que permitiera el aumento de los productos de exportación. Este modelo sociopolítico, sin embargo, era problemático ya que no respondía a las necesidades de las grandes masas. Los favorecidos resultaban ser los miembros de la misma élite que había sido beneficiada por sistemas semejantes desde la época de la Colonia. A finales de la década de los sesenta una rebelión militar llevó al poder a un gobierno nacionalista en la persona del General Juan Velasco Alvarado (1968-75). Buscaba la modernización del país, su desarrollo industrial, razones por las cuales propuso un programa de reformas sociales orientadas a la redistribución de los salarios y la riqueza nacional. Propagaba, por consiguiente, la noción de su neutralidad y de su independencia ante los conflictos de los diferentes intereses sociales. Con este programa en mente el Estado asumió un papel central en el desarrollo del país.

Con el riesgo de ciertas reiteraciones, conviene recordar los eventos que mayores repercusiones tuvieron en la política y la psiquis del país. Los sucesores del General Velasco, primero bajo el General Francisco Morales Bermúdez (1968-75) y luego bajo el segundo gobierno constitucional del arquitecto Fernando Belaúnde Terry (1980-85), eliminaron la noción del Estado como centro de poder en tanto reinstituyeron la noción de un gobierno constitucional. Bajo presiones de la comunidad financiera internacional favorecieron aproximaciones neoliberales orientadas al mercado. Por otro lado, la crisis económica y política del país empeoró durante estos gobiernos. La realidad nacional después del segundo mandato del gobierno de Belaúnde Terry demostró la situación crítica a la que había llegado el Perú. A nivel económico, el país contaba con una economía dolarizada, carecía de recursos financieros suficientes para aco-

---

tarios y los sectores populares. El Estado, por sus intereses oligárquico-imperialistas, no se encontraba en condiciones de arbitrar.

meter sus propios proyectos de inversión, en tanto seguía
agobiado por una altísima tasa de inflación. Por añadidura,
el país se mantenía prácticamente aislado del capital extranjero. Los partidos de izquierda, como resultado de las
tensiones internas entre ellos, siguieron siendo totalmente
ineficaces en cuanto a las posibilidades de encontrar solu-
ciones que aliviaran las condiciones socio-económicas de la
mayoría de la población.

En 1985 entró al poder el partido aprista en la persona
de Alan García Pérez (1985-90) para sorpresa de los partidos de derecha (véase el análisis del gobierno de García
en nuestro capítulo seis dedicado a la recolección de relatos
orales agrupados en *Habla la ciudad*) y del frente Izquierda Unida. Después de años de recesión, de altas tasas de
inflación, y de la disminución en el nivel de vida, el pueblo
peruano votó en masa por la posibilidad de una transformación radical de los programas políticos establecidos.
Buscaba cambio. A partir de la década de los sesenta el
Perú experimenta, asimismo, el inicio de las actividades
revolucionarias de dos agrupaciones en la política interna
del país: *Sendero Luminoso* y el *Movimiento Revolucionario
Túpac Amaru (MRTA)*. Entre 1967 y 1969 el *Partido
Comunista Peruano*, fundado en 1930 por José Carlos Mariátegui, se dividió en varias facciones. Las más importantes se unieron bajo la rúbrica de *Patria Roja* y de *Bandera Roja*. En febrero de 1970 la fracción *Patria Roja* llegó
a formar un "sindicalismo rojo", el que alcanzó su mejor
momento en la segunda mitad de la década de los '70. Esta
"facción roja" pasó a convertirse en el *Partido Comunista
Peruano Sendero Luminoso*.[31] El nombre completo de *Sen-*

---

31 Degregori escribe que en la década de los '70 *Patria Roja* logró alcanzar una posición de dominio en el Sindicato Unico de Trabajadores de la Educación en el Perú (SUTEP) y en la Federación de
estudiantes del Perú (FEP). Señala Degregori, asimismo, que a
partir de 1980 formó parte del frente Izquierda Unida. Conviene
anotar que las muchas publicaciones que de *Sendero Luminoso* y
de Abimael Guzmán siguen apareciendo hoy en día, dentro y fuera
del país, apuntan al enorme interés que éstas todavía suscitan.
Véase la obra de Degregori, *Ayacucho 1969-1979. El surgimiento
de Sendero Luminoso* para un bien informado estudio de los inicios

dero Luminoso en su momento inicial fue el de *Partido Co-munista del Perú por el Luminoso Sendero de José Carlos Martiátegui.* Bajo la dirección de Abimael Guzmán, conocido también con el nombre del presidente "Gonzalo" *Sendero* mantuvo constantemente una estricta ortodoxia marxista-leninista-maoísta. Para *Sendero* una sociedad que estaba oprimida tenía el derecho a la rebelión.

Entre 1977 y 1978 *Sendero Luminoso* realizó una serie de reuniones en las cuales decidió iniciar la lucha armada. Entre los años l987 y l988 a medida que la presencia senderista se hacía cada día más evidente en la capital peruana llegó a consolidar su control en casi todo el valle del Huallaga, desde los alrededores de Tingo María hasta la región de Tarapoto al norte. En 1987 las actividades de *Sendero* se consolidaron por toda la Sierra del Perú, y algunas regiones de la Selva. Del '89 al '90 fue una época de mucha actividad revolucionaria para las células de *Sendero* en el avance de la *guerra de guerrillas.* El período de gobierno de García se distinguió por los mismos extremos que habían caracterizado a los gobierno anteriores: la pobreza y riqueza, la falta de integración política y económica entre las diferentes regiones del país, las múltiples y cada vez más intensas demandas sociales, y la debilidad del Estado para mediar entre ellas y para establecer reformas que aliviaran las demandas de la población. La violencia motivada por las condiciones económicas de la gran mayoría de los peruanos y por la *guerra de guerrillas* llevada a cabo por *Sendero* va en aumento durante el período de Alan García. El incidente que mayores repercusiones tuvo en el deterioro de las relaciones entre García y toda la izquierda peruana (inclusive *Sendero Luminoso*) fue en junio del '86 cuando el presidente ordenó la masacre de 250 prisioneros senderistas encarcelados en las cárceles de Lurigancho y El Frontón.

La producción de los testimonios coincide, asimismo, con otro fenómeno sociopolítico de mayor envergadura en el Pe-

---

de ese movimiento y el estudio de Gorriti Ellenbogen, *Sendero. Historia de la guerra milenaria en el Perú* aquí mencionado.

rú contemporáneo: la migración del campo a la ciudad. Cornejo Polar, refiriéndose a la compulsividad de los movimientos migratorios, señala que en menos de medio siglo el Perú pasó a ser de un país rural, con alrededor del 65% de campesinos, a otro urbano en "el que la masa citadina sobrepasa un casi increíble 70% de la población" ("Condición" 103). Matos Mar describe que el nuevo rostro del Perú en la década de 1980, como resultado de los movimientos migratorios, es el resultado de los diferentes eventos ocurridos en la década de los setenta: un agro sin haciendas ni grandes propietarios, con prevalencia del sector asociativo y de las comunidades campesinas, una cultura andina más consciente de sí misma, el tránsito eufórico de un régimen dictatorial a una democracia convencional y, por último, el saldo de una atmósfera de crisis y desesperanza (*Desborde* 43). En cuanto a los cambios demográficos señala Matos Mar que la población nacional se ha triplicado en menos de cuatro décadas en tanto que un activo proceso de urbanización concentra en las ciudades peruanas a más del 65% del total de la población del país. Concluye Matos Mar que, "el escenario en el que se juega el drama nacional, ha pasado del campo a las ciudades" con los movimientos migratorios (43).

Es la experiencia de la migración la que da cuenta de los relatos de los cinco testimonios que analizamos en nuestro trabajo. Dada la importancia que la migración asume en los relatos orales, nosotros creemos en la obligación de señalar ciertos aspectos de este fenómeno, aún a riesgo de ciertas reiteraciones. Por tal razón, nuestro análisis de los testimonios empieza con un breve análisis de la experiencia migratoria en el Perú, tomando como base estudios de historiadores y sociólogos vinculados a este tema. Exploramos en esta sección las razones que motivaron los primeros movimientos migratorios en el Perú y su desarrollo desde entonces.[32]

---

[32] Véanse los siguientes estudios sobre la migración en el Perú: Teófilo Altamirano. *Cultura urbana y pobreza urbana. Aymaras en Lima Metropolitana* (Lima: Fondo Editorial [Univ. Católica del Perú], 1988); Teófilo Altamirano. *Presencia andina en Lima Metropolitana.* (Lima: Fondo Editorial [Univ. Católica del Perú], 1984); Jorge Basadre. *Historia de la República del Perú.* Tomo II (Lima:

A la pregunta, ¿a qué razones se debieron los movimientos migratorios a las regiones urbanas del Perú? se tendría que responder que las razones son varias y complejas y que sería necesario remontarse hasta la década de los '20 para comprender sus momentos de gestación. Wilfredo Kapsoli se refiere a las guerras civiles del país y a la Guerra del Pacífico como los momentos más difíciles para el campesinado peruano:

> La guerra con Chile y las guerras civiles que le sucedieron dejaron al país "desangrado", mutilado, con una terrible anemia ... Frente a esta coyuntura, el Estado y las clases dominantes optaron por descargar el peso de la crisis fundamentalmente sobre los hombros de la masa campesina (17).

Señala Kapsoli que las clases dominantes del país, arruinadas por estas guerras buscaron, amparándose en las disposiciones estatales y aun al margen de ellas, sus propios mecanismos de reestructuración económica. En la costa, algunos hacendados establecieron alianzas o préstamos bancarios como medio de combatir su situación económica; los que no contaban con estas facilidades financieras simplemente remataron sus bienes (20). En la sierra el proceso de reestructuración de la economía se asentó sobre la fuerza de trabajo y los bienes de la población campesina (21). En Andahuaylas, por ejemplo, los campesinos prestaban servicios gratuitos al cura, al abogado, al juez, al alcalde. Estos despojaban a los campesinos de sus tierras y

---

Ed. Universitaria, 1968); Héctor Béjar Rivera. *Perú 1965: Apuntes sobre una experiencia guerrillera* (Montevideo: Sandino, 1969); Manuel Burga. "Movimientos campesinos en Jequetepeque en el siglo XX", en libro de Kapsoli. *Los movimientos campesinos en el Perú 1879-1965.* 229–242; Wilfredo Kapsoli. *Los movimientos campesinos en el Perú. 1879-1965* (Lima: Delva Ed., 1977); José Matos Mar. *Desborde popular* (Lima: Instituto de Estudios Peruanos, 1977); José Matos Mar. *Las barriadas de Lima. 1957* (Lima: Instituto de Estudios Peruanos, 1977) [2a. ed.]; Antonio Rengifo. "Esbozo Biográfico de Ezequiel Urviola y Rivero" en libro de Kapsoli. *Los movimientos campesinos en el Perú. 1879-1965*: 179–209; Gustavo Riofrío Benavides. *Se busca terreno para próxima barriada. Espacios disponibles en Lima 1940-1978-1990* (Lima: Centro de Estudios y Promoción del Desarrollo, 1978).

por medio del "yerbaje"; con cualquier pretexto, "se apropiaban de sus pequeños rebaños" (21).[33]

Antes de la Segunda Guerra mundial, el control político y hegemónico se hallaba en manos de la burguesía terrateniente que controlaba los recursos agrícolas de exportación. Pero la agricultura fue desplazada por la minería y la industria, la que a su vez, sufre una profunda crisis de descapitalización: empobrecimiento de las tierras y migración masiva de los campesinos a las áreas costeñas. El Perú contaba con 7'023,111 habitantes en 1940 y con 10'420,357 en 1961. La población de la costa pasó en esta época del 25% al 39% y la de la sierra disminuyó del 62% al 51% (119). Burga, por otro lado, señala que entre 1902 y 1960 se nota un aumento de la producción y de la productividad y se evidencia la innegable explotación de las masas campesinas: entre 1902 y 1940, la explotación masiva del indígena enganchado y, entre 1940-1960, la proletarización de las masas campesinas y su subsecuente explotación como trabajadores proletarios. En el primer período viene la explotación pre-capitalista se lleva a cabo bajo modalidades esclavistas y feudales de apropiación del trabajo suplementario; en el segundo, la explotación se presenta a través del salario como apropiación de la plusvalía agraria. En consecuencia, en ambos períodos encontramos masas campesinas explotadas dentro de coyunturas diferentes (232–33).

La migración en el Perú necesita verse en el contexto de los fenómenos socioeconómicos y políticos que aquejan al país y especialmente a las comunidades campesinas localizadas en la sierra y en la selva peruanas. En primer lugar, se tendría que considerar las dificultades socioeconómicas y políticas de los lugares de origen de los campesinos. Motivados por el afán de asegurarse un lugar donde trabajar y de albergarse, anhelaban hallar nuevas regiones que les brindaran oportunidades laborales y de vivienda, ausentes en su pueblo natal. De acuerdo con los especia-

---

33 El *yerbaje* es el tributo que los campesinos pagan por el arrendamiento de los pastos.

listas, dos fenómenos estuvieron íntimamente vinculados con su salida: las invasiones y las barriadas. Analizamos a continuación el fenómeno de la invasión y su relación con la migración en el Perú; el análisis de las barriadas queda relegado al próximo capítulo por ser su estudio el tema central del testimonio publicado por José Matos Mar.

Las etapas iniciales en el proceso de las invasiones consistieron, en la invasión misma de la tierra y la colocación de la bandera peruana en medio del terreno invadido. Según Neira, son tres los factores que dieron ímpetu a las invasiones indígenas. Apoyados por la seguridad que les brindaba la posesión de títulos de propiedad, se aferraban a la creencia que los fundos les pertenecían. La segunda era la necesidad que tenían de tierras más extensas, como resultado del aumento de la población. Y, por último, el abandono en que se encontraba la gran mayoría de los latifundios justificaba las invasiones de las tierras (179). El haber trabajado en sus pueblos en tierras de propietarios ausentes los había familiarizado con un sistema considerado por ellos como "parásito".[34]

La migración peruana viene siendo en la actualidad un factor determinante en el lenguaje oficial del país. Entre los estudios vinculados al lenguaje de los migrantes no deja de llamar la atención las pocas, aunque sugestivas, nociones vinculadas a este tema. Rengifo, por ejemplo, señala que:

> ... en el primer cuarto de siglo los movimientos campesinos plantean reivindicaciones balbuceantes y confusas. Los mismos campesinos no han logrado un lenguaje específico para expresar sus aspiraciones. Los levantamientos se suscitaron como una conducta reactiva o como una defensa instintiva ante una situación por demás intolerable (180).[35]

---

34 El "sistema parásito" de los latifundios abandonados se caracteriza por sus tierras eriazas, cultivos pobres, ausencia de maquinaria y de expertos, mano de obra no salarial y más bien obtenida por el sistema feudal de arrendires, −arrendamiento de terrenos de cultivo− ausencia patronal: todo esto permite que sólo haya producción agrícola en una mínima parte de la tierra cultivable (Neira 179).

35 Rengifo, refiriéndose al origen del término "gamonal" señala que este

Neira explora las transformaciones del lenguaje político en castellano a partir de las invasiones. Sostiene que las invasiones no sólo han transformado la representación demográfica del Perú sino también el lenguaje: a partir de las invasiones adopta éste nuevos significados. El verbo "invadir" pierde su significado original (entrar por fuerza y en gran número) para adoptar el de "recuperar" y el de "volver a poseer". (*Los Andes* 179). En una entrevista sobre las barriadas que lleva a cabo con algunos campesinos, responden éstos, "-¿Cuáles invasiones? Lo que hacemos es recuperar la tierra de nuestros antepasados. No hay invasiones. Hay recuperaciones" (179). Para Neira, la transformación en el lenguaje responde no sólo a un acto de alteración en la tenencia de la tierra o de rehabilitación jurídica, sino que es un acto de "empresa ética":

> La intuición de los valores morales, prenda de la vieja raza, no ha muerto. Estamos ante un ajuste de cuentas. En cierto modo, esas asambleas gigantescas que se forman luego de una invasión, en el lugar mismo de los hechos, son "tribunales populares" (179).

El nuevo lenguaje migratorio se manifiesta, asimismo, en estos "tribunales":

> ... se inicia un largo debate bajo el sol. El tema es la tierra. Hablan uno por uno, mujeres y hombres, dirigentes y dirigidos. De este modo, cuando llegan las autoridades, la respuesta de los campesinos brota de un trabajoso y solidario acuerdo común. Recuperar: volver a poseer (179).

---

calificativo proviene del gamonito, planta parásita, conocida también con el nombre de chupón, que se desarrolla en las raíces de los árboles, principalmente en los viñedos, creciendo a costa de la savia de los mismos, con perjuicio de sus frutos. La lengua popular ha sabido identificar con esta planta parásita a los terratenientes, contratistas y administradores que prosperan merced al trabajo de los "indios" (180). Myers, interesada en la transformación del quechua al castellano entre los migrantes a Lima, señala que el lenguaje que domina en las regiones urbanas donde moran los habitantes migrantes no es ni el castellano ni el quechua, sino un quechua modificado, "A modified Quechua culture area has grown up in the lowland urban environment of the capital city" (166).

II

José Matos Mar. *Las barriadas de Lima, 1957.* 1977.

"18 BIOGRAFIAS DE POBLADORES"

"Luciano"

Tres años estuve donde mis tíos, mal vestido y comiendo mal, rotoso estaba, queriendo volverme a Ongoy donde mi madre. Como no podía, me animé a escaparme con una señora que me dijo para traerme a Lima. Era la mujer de un teniente, y para que no me descubrieran me disfrazó de mujer. Recién en Mollepata me quitó el vestido. Viajamos en mulas y en camión, y en tren, que yo nunca había visto. Escondiéndome estuve en el tren para que el Teniente no tuviese que pagar mi pasaje. Llegamos a Lima en 1924. Yo estaba contento porque me daban bastante comida y me compraban ropa y me enseñaban a leer. Pero me habían cortado todo el pelo, a coco estaba y los muchachos de Lima me daban cocachos y se burlaban porque apenas si sabía castellano. Eso no me gustaba. Yo hacía los mandados de la casa, barría y ayudaba a cocinar. Después ya cociné solo, cuando nos fuimos a la frontera con Bolivia, que cocinaba para todos los oficiales más la señora, y ordenanzas no más se ocupaban del transporte de los víveres (183).[36]

---

[36] Los relatos analizados en este capítulo pertenecen al capítulo siete titulado, "18 biografías de pobladores", de *Las barriadas de Lima, 1957.* 167–225.

En el año 1977 el antropólogo peruano José Matos Mar publica en Lima la segunda edición de su obra, *Las barriadas de Lima, 1957,* con el propósito de "resumir las motivaciones para la migración a las barriadas: trabajo y vivienda" (166). En la Introducción al trabajo se menciona el aspecto colectivo de este estudio. Además de los especialistas en antropología, se menciona la participación de dos geógrafos, de "más de 300 estudiantes" de las universidades de San Marcos de Lima y San Agustín de Arequipa y de estudiantes secundarios de Chimbote. Se entrevistaron a "cerca de 130,000 pobladores" (19). Como el nombre de la obra lo atestigua, el propósito del libro es el estudio y el análisis formal de las barriadas de Lima a partir del año 1957, estudio urgente, según los autores, por lo preponderante de su presencia y por la necesidad apremiante de un estudio profundo que lleve al lector a entenderlas y a penetrarlas:

> En el Perú una de las manifestaciones más saltantes del proceso de urbanización contemporánea es la aparición, rápido desarrollo y masiva expansión de un especial modelo de asentamiento y organización social: la barriada. La importancia de esta unidad de base urbana alcanza tal grado que en la actualidad (1977) no sólo tiende a ser preponderante en Lima y en casi todas las ciudades del país sino que, atendiendo a las estimaciones hasta ahora disponibles, es probable que involucre alrededor de la cuarta parte de la población total (16 millones) (15).

Riofrío Benavides, por otro lado, se refiere a las diferentes nomenclaturas con las que se ha tendido a denominar a las barriadas —bolsón, barriada, tugurio— y advierte sobre las diferencias entre un término y otro. Por ejemplo, un "bolsón" es simplemente la invasión de terrenos de propiedad privada, en tanto que en una "barriada" se empieza habitando para luego construir. Riofrío Benavides analiza, asimismo, las diferentes etapas en el proceso de los asentamientos en las barriadas:

> En el proceso del asentamiento de una barriada, lo primero que se adquiere, generalmente por medio de fuertes luchas, es el terreno, en el que inmediatamente se reside. El alojamiento, por otro lado, evoluciona desde la choza de estera hasta llegar a viviendas de muy variado tipo. Con el tiempo, algunas de estas barriadas se van dotando de servicios domésticos, como la elec-

tricidad y el agua. El tugurio, por otro lado, surge como degeneración de la ciudad, constituyendo la última etapa del crecimiento de una zona que anteriormente constituyó una moderna zona residencial o comunal. Un tugurio puede ser una vivienda subdividida, quinta deteriorada por los años, callejón o corralón (5).

Como complemento al estudio de las barriadas, los antropólogos a cargo de la publicación de *Las barriadas de Lima, 1957*, incorpora dieciocho biografías de pobladores de cuatro barriadas ubicadas en la capital del Perú: San Cosme, Mirones, el Altillo y Tarma Chico. Estos señalan la importancia de las biografías por ser reveladoras de la realidad actual de las cuatro barriadas: realidad que configura el "mosaico" que define los cambios en la capital del Perú y "cuyas piezas se multiplican día a día" (168).

Sobre las biografías mismas los comentarios en la Introducción tienden a ser bastante generalizados, a pesar de carecer de especificidades que nos ayuden en su análisis. Se dice que aunque el estudio de los asentamientos humanos o pueblos jóvenes se inició en 1955; las biografías fueron recolectadas en 1957 con ayuda de dos estudiantes de antropología de la Universidad Nacional Mayor de San Marcos, Héctor Martínez y Aída Milla; Martínez recoge las biografías en San Cosme y Mirones, y Milla en Tarma Chico. No se menciona específicamente el nombre de la persona encargada de recolectar las biografías de El Altillo. Del mismo modo, se menciona que Max Meneses, investigador del Instituto de Estudios Peruanos, cooperó con el ordenamiento de los materiales para esta edición, incluída la sección de las biografías. Las biografías fueron seleccionadas, al azar, de un conjunto de 50. ¿Cómo? ¿Por qué? En 1970 se le pidió al crítico y ensayista, Abelardo Oquendo, que les diera una forma literaria, aunque, "respetando íntegramente su contenido y sus matices" (167).[37] Nos habría sido muy útil saber aproximadamente lo que los en-

---

[37] Abelardo Oquendo, escritor peruano, es autor de *Narrativa Peruana 1950/1970*, publicada en Madrid en 1973. La fecha tardía de esta petición a Oquendo nos hace pensar que las biografías no fueron incluidas en la primera edición.

cargados de las entrevistas y de su transcripción, así como Oquendo, entienden por "respetar" el contenido de los relatos.

Es evidente que la incorporación de las dieciocho biografías tiene un fin sumamente pragmático ante los ojos de los antropólogos: el de ilustrar, a través de las voces de los narradores, las conclusiones a las que los investigadores han llegado sobre las barriadas y sobre las condiciones de vida de sus pobladores. Su intención sería, entonces, puramente didáctica:

> Su inclusión en este volumen complementa nuestro estudio y permite al lector tener un conocimiento directo no sólo de la situación general de las barriadas, sino de su complejo mundo externo e interno a través del relato de sus protagonistas (167).

Según los autores de este estudio, los factores nacionales que han contribuido al surgimiento de las barriadas fueron el rápido crecimiento de la población, los cambios ocurridos en la estructura económica capitalista dependiente, la crisis del sector agrario, los bajos niveles de vida de la mayor parte de la población y las migraciones masivas, estimuladas por el acelerado desarrollo de la comunicación y de la educación como transmisores de una ideología pautada por valores urbanos. Como factores de orden local señalan las limitaciones propias del desarrollo urbano de Lima, el alto costo de las tierras urbanas debido a su monopolio, el déficit creciente de viviendas de alquiler y las dificultades permanentes de los sectores populares y medios para conseguirlas, situación agravada por los terremotos, la conversión del núcleo central de la ciudad en zona exclusivamente comercial, el deterioro de los barrios tradicionales y la incapacidad de la estructura productiva, concentrada en la capital, para absorber mano de obra (18). Dos son los puntos centrales en el estudio de la barriada, 1) la barriada de 1957 no es la misma de hoy y, 2) más del 50% de las poblaciones localizadas en las ciudades del Perú viven en estos sectores populares. Complementando el tema de las barriadas, el estudio antropológico de Matos Mar incluye dos materias adicionales: la experiencia migratoria y los problemas de la vivienda en Lima. Los narradores son migrantes, procedentes de los pequeños centros rurales de la Sierra peruana, establecidos en Lima en 1957. Han llegado a la capital atraídos por un deseo de hallar oportunidades económicas difíciles de encontrar en sus pueblos de origen, especialmente aquéllas vinculadas a la vivienda y al trabajo.

Matos Mar y su equipo de antropólogos creen que el éxito del quehacer antropológico en la representación verídica de las barriadas se debe a tres razones fundamentales. En primer lugar se encuentra la noción de que el poder de observación y de conocimiento brinda al antropólogo la autoridad para establecer conclusiones claras y exactas sobre el tema estudiado, en este caso, el fenómeno de la migración y del asentamiento de los nuevos moradores en los pueblos jóvenes. En segundo lugar, se encuentra la idea de que la entrevista es el medio apropiado para llegar a esta verdad, ya que es por medio de la entrevista que el antropólogo logra respetar, "íntegramente" el "contenido y matices" de los relatos (167). Por último, se encuentra la noción de que los científicos logran su cometido: el lector adquiere, a través de la lectura de los relatos biográficos recogidos por los antropólogos "un conocimiento directo de la situación general de las barriadas y, de su complejo mundo [externo e interno]" (167). En suma, al igual que otros estudios del insigne antropólogo peruano sobre los movimientos migratorios en el Perú y sobre la transformación de Lima como resultado de estos movimientos, Matos Mar y su equipo depositan una confianza absoluta en la documentación científico-social como el medio apropiado para recoger los relatos de los migrantes y, por consiguiente, para llevar al lector a un claro entendimiento del nuevo rostro de Lima. [38]

En lo que concierne a los narradores de las biografías, importa hacer notar que su caracterización en el estudio carece de delineamientos específicos. Se nos dice que se trata de migrantes procedentes de pequeñas poblaciones ru-

---

[38] Como por ejemplo su estudio, *Desborde popular y crisis del Estado. El nuevo rostro del Perú en la década de 1980* (1984).

rales de la Sierra, que migraron cuando eran todavía muy jóvenes, por razones familiares. Casi todos llegaron a Lima con grandes esperanzas, pero una vez establecidos en las barriadas, lo que comparten es un sentimiento de desarraigo. De haber algo en sus actividades que los distinga son las diferentes posiciones de liderazgo. Algunos son dirigentes de organizaciones en las barriadas o de partidos políticos. "Luciano", por ejemplo, fue nombrado Adjunto del Secretario de Organización de su barriada, Secretario y por último, Presidente de la Asociación. También participó en el comité aprista en su pueblo de origen aunque más tarde fue presidente del comité belaundista de su zona. "Julián" es alguacil del Teniente Gobernador del Cerro San Cosme pero no pertenece a ningún partido político (177). Otro rasgo que caracteriza a los narradores de este estudio es la casi ausencia de datos personales que nos ofrezcan una visión general de sus identidades. Cada uno de los relatos viene precedido por el nombre de pila del narrador. La falta de especificidad y la casi total ausencia de detalles personales específicos nos hace pensar que se trata de nombres ficticios. Tampoco se mencionan las razones por las cuales los narradores carecen de nombre propio. De otra parte, aunque no se esclarece el método utilizado en la recolección de las biografías, es de suponer que fueron recogidas en entrevistas siguiendo el modelo de la etnología y la antropología. Por último, la semejanza en todas las biografías, en cuanto al orden de las respuestas y a la igualdad en el formato, nos hace pensar que la información contenida en los relatos responde a un solo tipo de cuestionario utilizado en las entrevistas. Aunque las preguntas no se encuentran presentes en el documento, fácilmente se pueden deducir: 1) proceso migratorio, 2) actividades laborales, 3) actividades políticas y 4) relación al terreno que se ocupa, ya sea a nivel de propiedad o de rentabilidad.

Lo que nosotros nos proponemos demostrar es que los testimonios que componen las "18 biografías" son mucho más complejos de lo que los científicos sociales sugieren. Una lectura cuidadosa de los relatos nos impulsa a concluir que la representación del perfil de los narradores de las cuatro barriadas revela un aspecto de ambigüedad en su configuración como resultado de dos elementos importantes. En primer lugar, los relatos de los narradores orales revelan una riqueza discursiva que desborda los parámetros, rígidos a nuestro parecer, de las ciencias sociales. En el segundo, todos los relatos se autodefinen como autobiografías y no como las biografías que mencionan los especialistas. La presencia del pronombre personal primera personal, singular y también del plural: *yo / nosotros* es imprescindible en estos relatos. Es éste el único medio con el que los narradores orales cuentan para proyectar su identidad. Por otro lado, el *yo / nosotros* autobiográfico que controla los relatos es también una representación discursiva, una construcción narrativa y no una representación de la realidad. Tal como escribe Molloy, "Life is always, necessarily, a tale: we tell it to ourselves as subjects, through recollection; we hear it told or we read it when the life is not ours" (5). Para Molloy, y para otros críticos interesados en el tema, la autobiografía no depende de los eventos que narran los hablantes sino de la articulación de esos eventos almacenados en su memoria y reproducidos a través de la rememorización y el habla (5). Nosotros somos de la opinión que el pronombre personal primera persona que se encuentra presente en las "18 biografías" domina cada uno de sus propios enunciados y que se desentiende de la autoridad del *yo* del investigador en el momento de su articulación. El estado de pugna en que se encuentran los relatos orales con la voz autorial, autoritaria, y autoritativa, del científico social constituye otra de las características centrales de las 18 biografías. Estos niveles de confrontación reflejan la base paródica del relato popular: con la parodia niegan la autoridad del documento científico.

El segundo aspecto de los relatos populares que trascienden los parámetros profesionales es la riqueza discursiva de los relatos orales. Pero, siguiendo el paradigma establecido al inicio de nuestro trabajo, nosotros somos de la opinión que, dada la importancia de los discursos en sí, de la oralidad de sus relatos, de la *heterogeneidad* de su construcción, de la multiplicidad de voces y textos contenidos en cada uno de los relatos, y del aspecto popular de sus enunciados, lo que los científicos sociales clasifican como "biogra-

fías" caen dentro de la categoría de lo que venimos denominando "testimonios". El elemento biográfico en los relatos,
por consiguiente, pasaría a ser uno más de los múltiples
textos que conforman la construcción de los testimonios.

El libro está dividido en dos secciones. En la primera se
analizan las características centrales de las urbanizaciones
populares y la manera en que se integran a la capital. En
la segunda parte se examinan los rasgos sociales de los
pobladores de estos asentamientos, algunos aspectos de su
participación colectiva en la solución de sus necesidades
básicas y sus realizaciones más significativas. También se
estudian en esta segunda sección las motivaciones que
pudieron haber determinado la salida de los pobladores de
la zona rural a las ciudades y las razones que pudieron
haber motivado su traslado a estas regiones. Al final del
capítulo seis, los autores resumen los dos motivos principales que han estimulado a los migrantes a residir en las
barriadas: trabajo y vivienda (166).[39]

Con el objetivo de preparar al lector para la lectura de
las "18 biografías", los autores establecen a manera de
introducción del capítulo que contiene las biografías,
algunos antecedentes en la vida de los narradores. Se menciona, por ejemplo, que la mayoría son migrantes procedentes de pequeños centros rurales serranos y que algunos
de ellos dejaron sus lugares de origen a muy temprana
edad. Su vida migratoria se caracteriza por una intensa
movilidad geográfica ligada a una constante inestabilidad
ocupacional. Sobre las barriadas se menciona que el dina-
mismo y la hibridez son sus rasgos más característicos, los
cuales se manifiestan en los cambios de cultura, de idioma,
y generacionales que acompañan al proceso de toda barriada.[40] Los autores concluyen que los relatos son una re-

---

39 En la Introducción se mencionan los cambios llevados a cabo entre
   la primera y segunda edición del estudio. Además de ciertas co-
   rrecciones y ampliaciones del texto original se incluyen estadísticas y gráficos ausentes en la primera.
40 Señalan los autores que aunque el flujo migratorio de la Sierra a la
   Costa se remonta a los años 20, la primera barriada, en el cerro
   San Cosme, no surge sino hasta 1946.

presentación verídica de la realidad de lo que es una barriada en el Perú. En cuanto al título del capítulo, "18 biografías de pobladores" también sigue el modelo de la antropología, si por "biografía" se entiende la representación "rigurosa" y "directa" de una etapa específica en la vida de los narradores testigos. De los 18 narradores, cinco son mujeres.

Cada una de las biografías llega precedida por el nombre de pila del testigo. A continuación se incluye un breve resumen formulado por el antropólogo. En éste se establecen ciertos antecedentes de la experiencia migratoria del narrador, ya sea el nombre y localidad del pueblo de donde salieron o las razones que motivaron la salida. Sobre "Pedro" se escribe: "Nacido en 1902, en la comunidad de Pambarumbe, poblado de Santa Catalina de Moza, provincia de Morropón, Piura" (201), y sobre Miguel:

> Nació en 1891. A los cuatro años, huérfano, quedó al cuidado de unos tíos. Estudió la primaria en un internado de Huaraz. A los 17 años se independizó. Trabajó en el Correo de Casma de donde hubo de venirse a Lima 'fugado a causa de unos lances amorosos'. Ingresó a la Escuela Militar de Chorrillos, donde sirvió por cuatro años, al cabo de los cuales volvió a Chimbote. Regresó a Lima en 1915 (218).

Continúa el relato del migrante basado en las preguntas del entrevistador aunque no incorporadas en el texto. Concluye cada relato con otro breve resumen del científico social en el que se describe, con cierto detalle, la morada del testigo. Al final del testimonio de "Juan", por ejemplo, encontramos la siguiente descripción del antropólogo: "La casa de Juan tiene dos plantas; la primera con 10 habitaciones y la segunda con seis. Es de ladrillo y cemento y pisos de loseta y madera. La segunda planta no está aún techada" (199).

La confianza que el antropólogo mantiene en su autoridad se manifiesta en la seguridad de su presencia a lo largo del estudio. Para empezar, su voz es avasalladora. Aunque las preguntas del entrevistador no aparecen directamente en los testimonios, las 18 biografías son respuestas a un determinado número de preguntas formuladas por el

entrevistador: preguntas cuya identificación se puede dis-
cernir fácilmente por el orden y el contenido de las respuestas de los narradores. ¿Cómo consiguió el lote?, ¿cuánto
costó originalmente?, ¿cuánto ha invertido en el arreglo? y,
¿en cuánto se evalúa el terreno? Solamente en una ocasión
encontramos presente la pregunta del entrevistador aunque incorporada en la réplica del entrevistado. Dice "Manuel": "¿Cuánto gasto? Bueno, a mi señora le doy ...". (190).
El uso de ciertos enunciados en los relatos revela también
la presencia del antropólogo en el relato popular, "Soy bueno para el trabajo, ya le he dicho" (170).

La autoridad proveniente de las ciencias sociales informa, asimismo, la intensidad ideológica que marca los
dieciocho relatos. Tal intensidad se manifiesta en las respuestas de los narradores y en el orden en que se colocan
las respuestas. Aquéllas vinculadas a la participación política del hablante, por ejemplo, o a sus opiniones políticas, se
encuentran colocadas al final del relato y, en muchos casos,
resumen el contenido del testimonio en unas pocas frases.
En el resumen al final de la biografía de Juan leemos:

> Su derecho sobre el terreno que ocupa lo basa en que ha pagado
> por él al poseedor que se lo traspasó, en que ha trabajado en su
> limpieza y en la construcción que ha levantado. "Si la Asocia-
> ción lo acuerda, se podría pagar 5 o 10 soles el metro. Pero eso
> sí: de acá no nos saca nadie" (193).

La fuerza ideológica contenida en los enunciados de
cada uno de los relatos es responsable de que el lenguaje
sea, en muchos casos, repetitivo. Esto se percibe especialmente en la manifestación de ciertas expresiones que sobre
los temas de la política y de las barriadas se encuentran
presentes en los discursos de los testigos. "Miguel", por ejemplo, concluye su relato con los siguientes clichés provenientes de discursos políticos, "ahora es así; todos quieren
ganarse a las barriadas" (219) y "la solución de nuestras
necesidades urbanas no es un favor que nadie va a ha-
cernos, sino un derecho que nosotros tenemos y que hay
que exigir" (220). Por otro lado, la intensidad del contenido
ideológico de los discursos orales es responsable también de
que los relatos conlleven elocuciones hiperbólicas especial-

mente en las narraciones promulgadas por los moradores involucrados en actividades de carácter político.

Una vez establecida la hegemonía del discurso antropológico en los relatos empezamos a notar, ciertamente, la presencia de ciertos elementos que problematizan la autoridad del científico. Para empezar, los relatos que en el estudio se denominan "biografías" deberían ser clasificados como "autobiografías" ya que en cada uno de ellos domina el punto de vista en primera persona, *yo / nosotros*: "Cuando yo nací" ("Pedro" 201), "Soy la segunda hija" ("Sara" 207), "Yo me casé en Mendocita" ("Cesáreo" 215) y "Nosotros éramos bien pobres" ("Teófila" 220). No sólo están los pronombres *yo / nosotros* presentes sino que su fuerza enunciativa posibilita al discurso popular su control absoluto. Habría que preguntarse entonces, las razones de esta discrepancia en su representación. ¿Cuáles podrían haber sido las razones que impulsaron a los autores del estudio a clasificar los relatos bajo la categoría de "biografías"? Dos conjeturas vienen a la mente: la primera, y la menos favorable para el antropólogo, sería que la eliminación del "auto" en la clasificación de los relatos elimina la posibilidad de minar la autoridad del discurso científico. El antropólogo, bajo la autoridad que le permite el uso de la "biografía", se colocaría en una posición de absoluto control ante los enunciados de los relatores, para así poder dirigir y manipular sus significados. La segunda interpretación, y la que a nuestro parecer mejor se presta a nuestra lectura, sería que al yuxtaponer al relato oral una máscara autobiográfica, sin serlo, establece una confrontación directa con la autoridad del documento. El discurso autobiográfico establecería, entonces, su posición de independencia ante los estrictos parámetros establecidos por las ciencias sociales. En otras palabras, la presencia del *yo / nosotros* revelaría de parte de los relatos orales un anhelo de autodefinición y de autonomía ante los límites que tratan de imponerles las ciencias sociales, en tanto subrayan que sus verdaderos rasgos característicos no son otros que la subversión y la sublevación ante tal imposición. Los testimonios se basan en la seguridad de su palabra.

La confianza discursiva de los relatos populares se manifiesta también en otros aspectos. Lo notamos en la seguridad con que se mueve entre dos códigos lingüísticos, el castellano y el indígena. En el relato de "Teófila" (220–3), por ejemplo, predomina la presencia del quechua en el uso de la sintaxis: "Yo a nadie tengo; a mi sobrinita no más, a mis animalitos. Mi mamá, mi papá, mis hermanitos que eran doce se murieron de disentería, de viruela, cuando eran un poco grandes ya" (220) y "a mi papá su cabeza le dolía; caliente, caliente estaba, le quemaba, decía" (220). En el relato de "Miguel" predomina el discurso limeño burgués, habiendo desaparecido casi en su totalidad la huella del lenguaje indígena,

> En realidad, lo más importante de mi vida empieza cuando me hice misionero metodista. Yo era católico por tradición, pero me puse a estudiar la Biblia y cambié. Como misionero me dediqué a los indígenas y así fue como empecé mi carrera política (218).

Las estructuras del lenguaje popular son fragmentarias y sus frases breves. Es un lenguaje oral, de tono familiar. Sus vocablos, carentes de artificios y adornos académicos, provienen de un registro cotidiano en el que sobresale un léxico vinculado a experiencias migratorias, actividades laborales, y relaciones familiares. Del relato de "Miguel" leemos:

> Me fui a Huancayo a trabajar en una curtiembre. Allí me acusaron de aprista, uno de mis enemigos me acusó, y me volvieron a mandar al Frontón, esta vez por 3 años. Eso fue en 1936. Cuando salí, en 1939, conseguí dinero prestado, me fui a vivir a la Av. de los Incas, en un corralón, y puse una granja (218).

Consciente está siempre no sólo de estar participando en un diálogo, sino de encontrarse en una posición de control ante la palabra del investigador. De ahí la frecuente presencia de preguntas dirigidas a los entrevistadores: "¿Quiere que le diga?", "¿No ve?", "Mire pues cómo son las cosas ¿no?", o, "Como le digo, con Carmela, mi mujer, he sentado cabeza". La seguridad del discurso de los testigos se expresa también en el aspecto creativo e inventivo de sus enunciados. Lo vemos, por ejemplo, en el impulso de los narradores de elaborar algunas de las respuestas, de llenar algunos de los huecos, para ir más allá de los parámetros esctrictamente establecidos por el cuestionario antropológico. En el relato de "Faustina": "No, oiga usted, si aquí hacen lo que les da la gana. Fíjese que en 1954 ... " (194).

Expresiones adverbiales indefinidas de tiempo, al estilo de "por esos años", o, "en esa fecha", "entonces", "después" alternan con expresiones adverbiales espaciales indefinidas: "allí", "aquí", "ahí mismo". Los referentes son generales más que particulares: "los gamonales", "los políticos", "los dirigentes apristas", e informales más que formales: Luis Miguel Sánchez Cerro, general y político peruano (1894-1933), presidente de la República de 1930 a 1931 y de 1931 a 1933, carece en el relato de "Miguel" de los títulos gubernamentales con los que se le define en los expedientes oficiales. En varias ocasiones se refiere simplemente a "Sánchez Cerro".

Otra manifestación de lo creativo en el discurso popular se manifiesta en el uso de la memoria. La memoria de los hablantes es prodigiosa en su capacidad recordatoria de los eventos del pasado. Incorporan en sus relatos una multiplicidad de nombres, fechas y eventos específicos, entre los que se distinguen experiencias positivas obtenidas en su pueblo de origen. "José" menciona que de muchacho vende latas de aguardiente por 30 soles; hace trabajo de doméstico en casa de una mujer que lo contrata por 30 soles mensuales; pasa al pueblo de Cañete donde trabaja en la caña por siete soles con cincuenta centavos semanales; consigue trabajo "en el desarme de un trapice" por dos soles y medio diarios; trabaja en un chifa del pueblo de Chincha por ochenta soles al mes; pasa a trabajar a otro chifa donde el sueldo le aumenta de manera considerable cuando uno de los clientes del chifa le da "paquetitos de pichicata" para que los venda": "él me los daba a 2 soles para que los vendiera a 21.50 cada uno" (180).

Pero la memoria en los relatos es conflictiva como resultado del proceso que implica todo acto recordatorio. En tanto que en muchos de los discursos encontramos la representación segura de los datos, como en el caso del de "Mi-

guel" recién señalado, encontramos también formulaciones
discursivas donde lo que domina es la negación y la duda.
"Sara" dice no saber si su marido estudió o no en su pueblo
de origen (209), "Cesáreo" cree que la poca actividad política de su comunidad se debe a la "falta de cultura" de los
moradores, pero no está seguro" (216), y "Anselmo" no está
seguro de los gastos acarreados en los arreglos de su vivienda, "¿Cuánto, pues, habré gastado?" (169). Abundan
en los relatos expresiones que denotan la contradicción, "no
sé si" "creo" y, "ojalá que sea". Otro factor vinculado a la
memoria y al acto de recordar que imposibilita la representación "fidedigna" de los eventos ocurridos en el pasado
es el acto de selectividad. Recordemos sólo aquellos eventos
que, por circunstancias especiales, han quedado impresos
en nuestra memoria. En el proceso del recuento, por lo
tanto, se tiende a mencionar sólo éstos en tanto se reprimen
una multiplicidad de otros recuerdos, que pueden también
haber participado de los mismos eventos. Un ejemplo concreto lo percibimos en la declaración de "Sara": "No recuerdo bien lo que pasó antes de mis siete años, pero sí que
mi padrastro me castigaba mucho". (207) Todos estos factores nos llevan a concluir que el uso de la memoria en los
testimonios de los migrantes altera la "realidad" de aquello
que recuera, ficcionalizándola.

La extensión de los relatos y una cierta irregularidad en
su forma añade un segundo aspecto en la creatividad de los
relatos. Aunque el número de páginas que incluye los
dieciocho relatos es relativamente bajo (ocupan un total de
sólo 56 páginas), varían en extensión. El testimonio de
"Sara" es uno de los más extensos, de 10 páginas, en tanto
que el de "Mercedes" es el más breve, de una sola página.
Por otro lado, aunque todos los relatos parecen mantener
una misma forma, su construcción física los diferencia.
Algunos carecen de los dos resúmenes del interlocutor, en
tanto que otros carecen sólo de uno. En algunos de los relatos los comentarios que generalmente se encuentran
contenidos en los resúmenes se encuentran incorporados en
el relato mismo del testigo. Otro aspecto de los testimonios
que apoya su aspecto creativo se manifiesta en la reconstrucción de un léxico nuevo o en la re-creación de palabras

arcaicas. "Anselmo" dice, por ejemplo, no haber tenido *cono-cencias* en el Cusco (170).

Un elemento adicional que apunta a la creatividad de los relatos de los migrantes radica en su estructura intertextual. Se entrecruzan instancias del relato oral con aquéllas provenientes de la escritura, de las lenguas indígenas y del castellano. Presentes se encuentran, asimismo, códigos provenientes de otros registros. Predomina el texto político de ideología izquierdista si por tal entendemos una posición ideológica partidaria de ciertas reformas frente a aquéllas de 'derecha', hostiles a toda innovación. El relato de "Pedro" consiste básicamente de citas y reminiscencias de documentos político-militantes de centro-derecha: "esos son los comunistas que no quieren que el país desarrolle" (206). El relato de "Miguel" es una extraña combinación de un texto político de izquierda con enunciados provenientes de textos religiosos, de tendencia protestante: "En Guayaquil tomé parte en el Movimiento Obrero Socialista y actué en el Congreso Socialista de Guayaquil" (218) y "En realidad, lo más importante de mi vida empieza cuando me hice misionero metodista" (218). Además del texto político se encuentran citas y reminiscencias de otros textos provenientes de las ciencias sociales mismas, tales como los estudios sociológicos e históricos. En el relato de "Teófila" prevalecen referencias comunales, con las cuales hace resaltar la presencia de los textos sociológicos. Conlleva, por ejemplo, múltiples representaciones vinculadas a las relaciones familiares: "mi papá, mi mamá, mis hermanitos", "mi papá tenía su casita de ichu" y "sobrinita" (220). En el de "Faustina" encontramos referencias a algunas de las viejas familias peruanas, pertenecientes a la élite socio-económica y política empeñadas en marcar por mucho tiempo las pautas culturales del país: los Ugarteche, los Naranjo, los Leguía y los Cisneros (193).

Tal vez uno de los intertextos más importantes en la estructura de las "18 biografías" es el literario. Predomina, entre éstos, el realista que es de donde emana la gran mayoría de sus enunciados. También, como ya se ha indicado, y siguiendo el paradigma de la autobiografía y de la novela picaresca, domina el punto de vista en primera persona del singular: "[yo] soy serrano", "yo ... estaba sin plata". Es un *yo* por otro lado, romántico y, como tal, colocado al centro del relato. Antonio Cornejo Polar nos recuerda que tanto la experiencia como el concepto modernos del sujeto "son indesligables de la imaginación y el pensamiento románticos" (*Escribir* 18). En la representación de las costumbres de los pueblos de origen, y en la nota de añoranza que la acompaña, se vislumbra la presencia del texto costumbrista. El énfasis en la producción literaria en los relatos orales corresponde también a una variedad de *tropos*, entre los que se destacan la relación metonímica que los especialistas establecen entre el sujeto del relato y los miembros de la barriada. Por otro lado, en la representación de las cuatro barriadas por medio de los relatos de sus dieciocho pobladores se encuentra el principio de la sinécdoque. Los discursos populares se caracterizan, asimismo, por el uso notable de metáforas y símiles. La barriada es "el cerro", "un terreno", "mi lote" o, "mi casita"; Lima es "acá", "la Capital", "trabajo en una carpintería", "un cuarto en Jesús María"; sus lugares de origen son "allá", "la casa y las chacritas", "mi pueblito" o "las tierras que había dejado mi padre".

Se destaca la hipérbole, la cual corresponde a los aspectos de exageración y de desborde que caracterizan a los enunciados orales. "Sara", por ejemplo, menciona que, "mi marido siempre me saca en cara que yo no produzco nada y nunca me quiere dar más dinero" (213). Los registros temporales y espaciales manifiestan, asimismo, la presencia del texto literario en la composición de los relatos. A pesar de que los relatos parezcan proyectar una representación mimética de tiempo y de espacio notamos la presencia de conceptos temporales y espaciales marcados por contradicciones en la repetición y la fragmentación de los relatos. Predominan, además, adverbios que rompen la ilusión de continuidad, tales como, "más antes de", "luego de", "ya cuando", "ya después". El espacio se manifiesta en las oposiciones entre el pueblo original, la provincia, y los asentamientos de sus nuevas moradas en Lima.

Por otro lado la representación de contrastes en tiempo y en espacio llega marcada por la añoranza. Habría que añadir que la exaltación de la nostalgia por el tiempo y el espacio perdidos se vislumbra en el eje central de las 18 biografías de Matos Mar. La añoranza por un pasado y espacio idílicos, en contraste con un presente y una barriada difíciles, impacta radicalmente en la representación rigurosa de la "realidad" tal como la perciben los antropólogos, ficcionalizándola. En contraste con la "objetividad" del documento antropológico, los relatos orales se caracterizan por la subjetividad. En parte ésta se refleja en el uso reiterado y predominante de los pronombres personales ya mencionados: *yo/nosotros*. La presencia de estos pronombres les da a los relatos un toque personal, íntimo. Un segundo aspecto vinculado a la subjetividad de los relatos orales se manifiesta en la presencia del diminutivo *ito*: "animalitos", "pueblitos" (220), "Si tuviera un poco de platita me buscaría un lotecito ... Quisiera un lugarcito para mis hijos" (190).

En conclusión, es tal el deseo de autoridad del discurso antropológico en las "18 biografías de pobladores" de *Las barriadas de Lima, 1957*, que los relatos de los migrantres llegan saturados por la ansiedad de la representación antropológica. Sin embargo, aunque los testimonios de los migrantes parecen aceptar las condiciones del quehacer antropológico y, por lo tanto, la manipulación discursiva de sus enunciados, una lectura cuidadosa nos deja entrever las fisuras del proyecto. Los discursos de los testigos, basándose en la seguridad de sus propios enunciados, recrean su propio lenguaje y, con él, confrontan la autoridad del discurso científico social. En el proceso de la confrontación, se va revelando una de las características más salientes del lenguaje popular, la ambivalencia, carácter definidor de cada uno de los testimonios. En otras palabras, aunque una primera lectura de los discursos de los relatos de testimonio dan la impresión de querer expresar ingenua e inocentemente una serie de conceptos vinculados a sus experiencias cotidianas, su aparente sencillez no es otra cosa que una máscara lingüística con la que el lenguaje popular oral se opone a la autoridad de la palabra escrita.

III

Carmen Tocón Armas y Armando Mendiburu M.
*Madres solteras, madres abandonadas. Problemática
y alternativas* (1990) y *Madres solteras, madres
abandonadas. Testimonios*, 1991.

MUJERES SOLTERAS/MUJERES ABANDONADAS. TESTIMONIOS

Entrevistador de "Eulalia"

*Su vivienda es difícil de ubicar ya que se encuentra
detrás de un monte de arena. Más difícil aún es llegar
porque hay que subir y bajar y cruzar estrechas callejas,
una de las cuales, finalmente, conduce a la vivienda de
Eulalia.*

*Ella vive en una casita modesta, acogedora. Las paredes
son de adobe y están forradas íntegramente con papel de
bolsas de cemento.*

*Me ubico en un sofá grande, al lado de ella y la invito a
que colabore con el estudio. Ella, de buen agrado empieza a
relatarme pasajes de su vida, aunque se cuida de no entrar
en detalles que, seguramente, deben hacerla revivir doloro-
sos sufrimientos (113).*

Relato de "Antonia":   80 años (aprox.)
Muchos hijos (6 ó 7)

Yo no me casé, así nomás nos juntamos y nos venimos a Chimbote. El me hizo varios hijos, no recuerdo cuantos, varios nacieron muertos. El tomaba mucho, decía que la chicha era buena y coqueaba también. Después ya no me daba para la comida y yo empecé a vender raspadilla, de eso estoy ahora maluca. Un día ya no vino más, seguro que siguió viajando y yo seguí, por años, vendiendo hielo ... si no ¿con qué pues comían mis hijos?. Después, ellos se fueron casando uno a uno y yo, ya sola, seguí vendiendo hielo para mantenerme (94).

Entre los años de 1990 y 1991, La casa de la mujer, ubicada en Chimbote, Perú, publica dos volúmenes vinculados al estudio de la condición de la madre fuera del contexto del matrimonio, en la ciudad y puerto de Chimbote, capital de la provincia de Santa en el Departamento de Ancash. El primer volumen, publicado en diciembre de 1990 y titulado *Madres solteras / Madres abandonadas: problemática y alternativas*, corresponde a un análisis sociológico, bastante bien documentado del fenómeno de la madre soltera. El segundo, publicado en marzo de 1991 y titulado *Madres solteras / Madres abandonadas: Testimonios*, contiene veinticinco relatos orales de mujeres migrantes entrevistadas con el propósito de ilustrar los datos del primer texto.[41]

La finalidad de nuestro trabajo es la de analizar la relación del discurso sociológico del primer volumen con los testimonios del segundo. En semejanza al estudio del equipo de antropólogos del capítulo anterior, nosotros compartimos la opinión de que la publicación de los testimonios del segundo volumen corresponde a un deseo totalmente pragmático por parte de los estudiosos. Los relatos son para los sociólogos sólo fuentes de apoyo y de ilustración de las conclusiones del análisis teórico y cuantitativo del fenómeno del solterismo y del abandono de las madres solteras explicitado en el primer volumen. De ahí que la construcción y organización de los relatos orales, en el segundo, parezcan corresponder a los discursos de la documentación sociológica. Nuestro análisis tratará de demostar lo contrario: que los testimonios logran conseguir el anhelo de los científicos, pero sólo en parte. Sus condiciones y virtualidades discursivas ponen al descubierto las características intrínsecas de los discursos orales, muchas de ellas antitéticas, y por consiguiente conflictivas, a las estrictas intenciones de los científicos sociales.

En el primer volumen se menciona que las entrevistas se realizaron entre mayo y junio de 1990, que las 25 entrevistas incorporadas en el segundo volumen fueron se-

---

41 En el transcurso del capítulo utilizamos MS 1, para indicar el primer volumen y MS 2, para indicar el segundo.

leccionadas de un total de 401, y que de las 401 madres, el 61.8% caen dentro de la categoría de *abandonadas* y el 38.2% de *solteras* (MS 1, 22). Se indica, asimismo, la condición de migrantes de mayoría de las narradoras: "Los resultados del estudio revelan que la mayoría de las MS y MA es migrante. Tan sólo el 32% ha nacido en Chimbote" (MS 1, 33).[42] En el segundo volumen se incorporan, a manera de ejemplo y esclarecimiento de las conclusiones científicas del estudio del primer volumen, los testimonios de veinticinco madres solteras y abandonadas.

Fue la ciudad de Chimbote, hasta hace poco, uno de los centros más importantes del país. Bahía y puerto industrial del Perú, Chimbote es también la capital de la provincia de Santa, en el Departamento de Ancash.[43] A mediados del siglo XX se construyeron centros siderúrgicos y fábricas de harina de pescado, haciendo de esta área una de las regiones más prósperas del país. La década de los '60 es todavía época de auge en la región. En 1970 la ciudad de Chimbote fue bastante destruida a causa de un fuerte movimiento sísmico pero se reconstruyó un año más tarde. Lamentablemente, a finales de los '80, la industria de la harina de pescado empieza a decaer. El desempleo aumenta a pasos agigantados, razón por la cual la ola migratoria va disminuyendo a finales de los años '70 y a comienzos de la década de los '80.

En la década de los sesenta, al convertirse Chimbote en una ciudad industrializada atrajo a muchos campesions de la sierra. La población aumentó de 4,224 en 1940 a 63,970 en 1961.[44] Cornejo Polar señala que la explosión demográfica de Chimbote ocurrió durante la misma época en que José María Arguedas empieza a escribir *El zorro de arriba*

---

[42] Mencionan los especialistas que el 77% de las madres solteras nacieron en el departamento de Ancash.

[43] Un análisis profundo de la región de Ancash puede encontrarse en los estudios de Félix Alvarez Brun.

[44] Estadísticas provenientes del estudio de Luis Pretel Leiva y Roberto López Linares, *Movimiento sindical en Chimbote. Historia gráfica 1960-1968* (1986).

y el zorro de abajo: la historia de una masiva migración de indígenas y mestizos andinos:

> ... que prefirieron enfrentarse a la temible amenaza del mar, recién descubierto, y a maquinarias nunca vistas, ciertamente también aterrorizantes, que repetir su inacabable y secular servidumbre ("Condición" 102).

Fueron estos campesinos de la sierra los que fueron apoderándose de los terrenos desocupados de Chimbote y que más tarde irían conformando lo que se viene a denominar como los *pueblos jóvenes*. Pretel Leiva y López Linares mencionan que los pobladores empiezan a crear sus propias organizaciones para defenderse de las autoridades que quieren desalojarlos. Así se fue gestando un movimiento barrial que en los años '70 alcanzaría un papel importante (15).[45]

De acuerdo a los comentarios de los investigadores, la razón que los condujo a llevar a cabo este estudio se debió a la urgencia de solucionar la condición de la madre en Chimbote —urgencia debida a grandes rasgos al alto porcentaje de las madres solteras y de las abandonadas— en relación a la totalidad de la población femenina de esta ciudad (32%), y por la juventud de la mujer en el momento en que se encuentra sin el sostén del hombre: entre los 13 y los 19 años (MS 1, 102). El propósito fundamental de los autores al publicar los resultados de su estudio es totalmente didáctico. Buscan instruir al lector, "sensibilizarlo" —término que se repite dos veces en la misma página: "[queremos] sensibilizar su opinión y comprometer su decisión ..."

---

[45] Un estudio importante de la participación de la mujer en las barriadas se encuentra en el artículo de Cecilia Blondet, "Pobladoras, dirigentas y ciudadanas. El caso de las mujeres populares de Lima" (1988), y en su libro, *La situación de la mujer en el Perú. 1980-1994* (1994). El Instituto de Apoyo al Movimiento Autónomo de Mujeres Campesinas, localizado en Piura, publica a finales de la década de los ochenta, seis folletos orientados a la educación de la mujer campesina. Véase especialmente el número seis, *Presencia de la mujer en la historia del Perú: La nueva presencia de la mujer en el Perú* de Josefa Ramírez Peña y Felipe Fernández Sánchez (1989).

y "la desgarradora historia de estas mujeres constituye una bofetada a la indolencia de gobernantes, autoridades y de la opinión pública que insensibilizados e impotentes ..." (MS 2, 7). Por otro lado, es singularmente esclarecedor que el lector a quien se dirigen los profesionales no es al lector "común" sino a aquellos lectores en posiciones de poder que puedan promocionar cambios importantes en la condición socio-económica de la madre abandonada y de la soltera:

> No buscamos exhibir el dolor y la tragedia de las madres solteras y de las madres abandonadas. De ninguna manera. Con la publicacióm de breves relatos de la vida de algunas de ellas queremos llamar la atención de los actores políticos y sociales, sensibilizar su opinión y comprometer su decisión para que asuman eficaces e inmediatas políticas de prevención de este acuciante fenómeno social (MS 2, 7).

Con el fin de orientar mejor a su lector se esboza al comienzo el significado de ambos términos:

> *Madre soltera* es aquella mujer que tras relacionarse sexualmente por diversas circunstancias y motivaciones (amor, violación, seducción), con un varón, engendró y alumbró uno o más hijos, sin establecer relaciones de convivencia o matrimonio. (MS 2, 10)
>
> *Madre abandonada* es aquella mujer que estableciendo relaciones de convivencia o matrimonio con un varón, por diversas circunstancias y motivaciones (amor, violencia, seducción), engendró y alumbró uno o más hijos; su unión se disuelve de facto, por alejamiento del varón con o sin ninguna explicación (MS 1, 102).

A este respecto me es imposible dejar de mencionar que el deseo de instruir al lector sobre un fenómeno social para ellos "urgente" y de provocar en él reacciones emotivas específicas que lo estimulen a llevar a cabo los cambios necesarios, determinan el alto contenido ideológico del lenguaje, tanto en la sección teórica como en la de los relatos orales. Esta ideología es responsable de que cada uno de sus enunciados se transmita a través de un lenguaje rígido e inflexible. Por otro lado, la carga ideológica es también responsable de que la representación del mundo que construyen los sociólogos en su documentación sea un mundo marcado por una dualidad fácil de penetrar: una representación binaria donde "lo bueno" (mujeres y niños abandonados, los oprimidos) convive al lado de "lo malo" (los hombres, los opresores). Como veremos en el análisis del segundo volumen el discurso de los testimonios orales reacciona ante la inflexibilidad discursiva del documento científico.

Antes de seguir adelante, habría que aclarar que en el ámbito de la sociología se vienen cuestionando ciertos aspectos de sus técnicas metodológicas. Se debate, por ejemplo, la objetividad de interpretaciones logradas a través de la elaboración de un sistema de observaciones idiosincráticas y explicaciones preparadas de un modo informal (Katz 147). Por otro lado, se cuestiona si la subjetividad del sociólogo predomina en sus conclusiones a expensas de la objetividad del relato (Bittner 154). Se discute cómo lo que los investigadores entienden por "realismo" participa de sus investigaciones, y si los testimonios de los hablantes pueden realmente convalidar, confirmar, las descripciones de los sociólogos y los aspectos de las estructuras y procesos sociales en estudio. Las conclusiones a las que viene llegando un grupo de sociólogos interesados en este último aspecto se refieren a las dificultades de este planteamiento. Escribe Bloor:

> While laymen produce their own distinctive sociological accounts of their social worlds, these accounts will inevitably differ from the accounts provided by sociological researchers since each is formulated in light of different purposes at hand. A member's sociological account will only have that degree of clarity, consistency, and elaborateness compared with a sociologist's description compiled for different purposes (157).

Al igual que otros estudios científicos, uno de los elementos esenciales de este trabajo es la autoridad del profesional. Desde la primera frase del primer volumen hasta la última página del segundo, se encuentra ésta presente, marcando las pautas de cada uno de los enunciados, tanto los sociológicos como los de las madres narradoras. Consecuentemente el poder con que se reviste la palabra científica se esconde detrás de un aparente deseo por parte de los promotores del estudio de querer *remediar* la situación de las madres solteras y abandonadas. En la Introducción leemos que el objetivo de su trabajo es el de "contribuir a la prevención de este fenómeno social" (MS 1,13). Por otro lado, la autoridad del discurso hegemónico se refleja en la presencia de los pronombres en primera persona del plural y del adjetivo posesivo plural en tercera persona que predominan en el documento: "Nuestro interés institucional es el de contribuir a la prevención de este fenómeno social" y "El Censo realizado por nosotros a 2,198 viviendas en 4 pueblos jóvenes de Chimbote, aporta información para definir dos aspectos importantes. (MS 1,17)

La omnipresencia del discurso sociológico se manifiesta en diferentes niveles con los veinticinco relatos. En algunos de ellos, la presencia del discurso profesional se manifiesta con mucha claridad en el uso de cierto número de preguntas formuladas y dirigidas a la narradora testigo con el fin de obtener las respuestas deseadas. La voz autoritaria de los sociólogos se refleja también en las introducciones y en los epílogos que acompañan a los relatos orales. En las primeras, agrupadas bajo la designación de "Antecedentes" (de las testigos) los científicos se colocan en el centro de las descripciones físicas de las narradoras y de sus viviendas: "Ella pasa la mayor parte del tiempo en casa de su madre, aclara que su vivienda es más allá pero que a ella sólo va a dormir" (MS 2, 123). En los epílogos, titulados "Reflexiones", el investigador, siguiendo esta vez modelos provenientes de textos escolares, culmina cada relato oral con una serie de preguntas sobre el contenido de los testimonios orientados al lector. Al finalizar el relato de "Luisa" leemos:

> Reflexión:
>
> Luisa es joven, desenvuelta y trabajadora. ¿Tendrá oportunidad de rehacer su vida, no obstante su situación de madre abandonada? ¿Por qué?
>
> ¿Crees importante que las mujeres se organicen y sean dirigentes, como en el caso de Luisa? ¿Por qué?
>
> ¿Crees que con mentiras y chantaje sexual podrá construirse la felicidad de la pareja? (MS 2, 127)

Las preguntas formuladas en forma de diálogo en esta segunda sección apuntan al enorme interés de parte de los profesionales por establecer una línea directa de comunicación con el lector. Este deseo se acentúa aún más con la presencia del pronombre personal familiar "tú", especialmente si se le contrasta con la presencia de los pronombres personales en tercera persona que los autores usan al referirse a la testigo. En otros casos, la voz del científico social se esconde detrás de las voces provenientes de la oralidad, dificultando el reconocimiento de los límites que separan el discurso gráfico de las ciencias sociales, con el oral de los testimonios. No podemos menos que experimentar una sensación de incertidumbre ante la lectura de las narraciones de los testigos por la falta de especificidad de los criterios utilizados en el proceso de transcripción de los relatos.

La presencia del científico se trasluce en el deseo de los autores de crear reacciones específicas en el lector. Esto se nota especialmente en los comentarios y afirmaciones de los entrevistadores en los segmentos introductorios de los relatos orales. Sobre la presentación de "Rosario", por ejemplo, se dice que "es amena y sincera" y que las mujeres son bonitas, "lozanas de jóvenes y serenas en la adultez" (MS 2, 129). Su presencia en estas ocasiones no refleja la menor duda ni ambivalencia. Todo lo contrario. Es un discurso completamente seguro de sí mismo: "Es notorio que ..." (MS 2, 100) y "La extrema pobreza de Virginia se vé a las claras" (MS 2, 107). Nótese en este último ejemplo la presencia del epíteto, utilizado para crear cierta simpatía en el lector. Otro ejemplo es el de "inescrupulosos varones". Tal como veremos a continuación, parte de la estrategia para convencer al lector de la "veracidad" de los relatos es la incorporación de un discurso sentimentalizado, subjetivo, que parecería querer confrontar la conformidad del primero. Los relatos orales se caracterizan por llegar saturados de expresiones de dolor, de sufrimiento y de violencia. "Orfandad, abandono, maltrato" (título de uno de los relatos), son vocablos que se repiten a menudo. Con este mismo fin, se incorporan imágenes de violación, tanto física como psicológica. Por otro lado, la representación del entorno de los hablantes como un mundo binario, habitado por los "buenos" (la mujer y los hijos abandonados) y por los "malos" (el hombre), proviene del mismo programa ideológico.

El documento sociológico incorpora otros textos visuales para apoyar las conclusiones de su documentación, tales como el diseño y la fotografía. En éstos, los sujetos femeninos son captados en múltiples expresiones de padecimiento. En la carátula del primer volumen, por ejemplo, se observa el dibujo de una mujer indígena sosteniendo a un/a bebé en los brazos, con dos canastas llenas de pescado a sus espaldas. La implicación es la de la mujer desamparada, al cuidado de su prole, en rumbo al mercado donde tratará de vender su mercancía. En el segundo volumen el diseño de la carátula ha desaparecido. En su lugar se encuentra una fotografía en blanco y negro, cuyo sujeto es la representación de otra mujer indígena con un niño/a en sus brazos, sentada detrás de gran número de objetos que bien podrían ser de productos agrícolas o de basura: la fotografía no establece con claridad el contenido. Otras fotografías altamente sugestivas del padecimiento de las narradoras se encuentran en ambos volúmenes. Entre dos relatos titulados, "Analfabeta, papá y mamá alcohólicos" (MS 2, 107–11) y "Vive al amparo de su hermana" (MS 2, 113–15) del segundo volumen la fotografía de la cara de una mujer derramando lágrimas llena toda la página (MS 2, 112). El discurso sociológico, carente de ambivalencia pero empapado de un alto contenido ideológico se manifiesta también en otros aspectos adicionales del discurso popular. Empeñado en provocar una reacción específica en el lector, hace un uso obsesivo de diminutivos (casita, mamita, papito, animalitos), de enunciados que denotan un estado de victimización ("la vida es para sufrir" o "qué le vamos a hacer, así es la vida") y de adjetivos antepuestos al nombre que modifican ("inescrupulosos varones", "desgarradora historia", "precaria estabilidad", "ocasional marido").

Antes de indagar más a fondo en la presencia del discurso sociológico en los veinticinco relatos orales se requiere hacer un leve repaso de las estrategias narrativas del primer volumen dedicado a la problemática y a las alternativas del fenómeno de las madres solteras. Se subraya en éste la experiencia institucional de las dos personas encargadas del estudio y sus respectivos nombres. Bajo la "permanente supervisión y orientación" de dos sociólogos, Carmen Tocón Armas y Armando Mendiburu Mendocilla, se han llevado a cabo las múltiples actividades pertinentes al estudio: la formulación de los cuestionarios, ausentes en los dos volúmenes, a ser llenados por las madres solteras para ser seleccionadas para participar en el estudio, en la selección de los relatos, en la transcripción de los mismos y en la preparación de los manuscritos para su publicación. Vale recordar que en Latinoamérica es a partir de los años sesenta del presente siglo, que los científicos sociales asumen la responsabilidad de la publicación y difusión de relatos testimoniales vinculados a diferentes aspectos de la vida de los testigos. El éxito comercial de algunas de estas publicaciones ha sido asombroso, en cuanto a la visibilidad y a la remuneración económica que este acto viene significando para los profesionales encargados de su distribución en el mercado del libro y su aparente aceptación por parte de la clase media lectora. Se señala también que un Equipo de Investigadores ayuda a los sociólogos a llevar a cabo este proyecto. Este consiste en dos grupos, uno encargado de la recolección de datos y el otro del procesamiento del material. Se mencionan los nombres de los participantes del equipo.

El lenguaje que predomina en este primer volumen proviene exclusivamente de la sociología. La representación de sus enunciados responde al deseo de los investigadores de querer abstraer lo que se considera un fenómeno común en un grupo de mujeres migrantes establecidas en Chimbote y provenientes de pueblos vecinos al Departamento de Ancash: todas ellas comparten la responsabilidad de la crianza de los hijos sin la presencia del "varón" responsable de su paternidad. El lenguaje sociológico domina la representación del fenómeno desde sus inicios. En la Introducción leemos frases como, "los objetivos fundamentales [de la investigación] fueron determinar la magnitud e importancia cuantitativa del fenómeno" (MS 1, 15). De las características del estudio se dice que son, "educativas".

Dado el gran énfasis de los encargados del estudio en la representación objetiva de ambos tomos, varios de los rasgos discursivos de los relatos orales parecen provenir directamente de modelos científicos. Es tan grande el deseo de

los autores de alcanzar la más amplia generalización que
este tipo de estudio requiere, que los relatos de las narradoras carecen de muchos de los rasgos individualizadores
necesarios para lograr una identificación más detallada.
Uno de ellos es la ausencia de los nombres propios de las
narradoras. En su lugar, cada relato llega marcado por
nombres ficticios. A la aparición del segundo volumen aluden los autores del estudio como causa del anonimato de las
testigos:

> Para proteger la identidad y privacidad de las madres solteras y
> de las madres abandonadas, por razones comprensibles, las
> protagonistas del libro figuran con nombres diferentes a los que
> les corresponde en la vida real (MS 2, 10).

No sólo las protagonistas de los relatos orales llegan
desprovistas de nombres propios que las distingan sino que
las referencias al "varón" y a sus hijos se caracterizan
también por una falta de identidad individualizada. "La in-
fidelidad de mi marido ha venido del lado que menos podía
imaginarme" declara "Zoila" en tanto añade que, "para mi
hijo también ha sido traumatizante el alejamiento de su
padre" (MS 2, 102). "Virginia" declara que, "cuando mi hijo
tenía tres años su papá me abandonó" (MS 2, 110). El
nombre propio es sustituido por otro cuya función sería la
de mencionar la función que estas personas hubieran
desempeñado dentro de la institución familiar burguesa:
"padre", "hijo".

Otro aspecto de los relatos orales que proviene directamente del discurso científico se basa en el énfasis cuantitativo de la representación testimonial. Se nos indica en la
Introducción al segundo volumen que los veinticinco testimonios han sido seleccionados de un total de 401 relatos.
Aunque no se mencionan las razones específicas por las
cuales de los 401, sólo veinticinco de ellos fueron seleccionados, sí se explicitan los criterios para esta selección. En el
primer volumen se menciona la técnica de recolección de
datos, las localizaciones donde se llevaron a cabo las entrevistas y una leve referencia a la Guía utilizada en las entrevistas, preparada previamente. Se mencionan, asimismo,
los criterios por los cuales se seleccionaron a las narradoras:

-Edad
-Número de abandonos
-Número de hijos
-Analfabetismo
-Circunstancias especiales al momento de la encuesta
-Minusvalía
-Prostitución
-Antecedentes penales
-Antecedentes familiares de homosexualismo, alcoholismo, etc.
(MS 1, 87).

La presencia del discurso sociológico en los testimonios se manifiesta también en la clasificación de los relatos orales. Se categorizan éstos en dos grupos. El de las "madres solteras" que cubre desde la página 13 hasta la 62; el segundo, el de las "madres abandonadas" que va desde la página 65 hasta la 153.

Las estructuras que introducen cada uno de los relatos siguen el modelo de los documentos científicos. Todo el libro está subdividido en fragmentos identificados con el nombre ficticio de la testigo. Aunque los fragmentos tienden a incorporar ciertos datos personales de cada hablante, la suma de todos ellos manifiesta el mismo anhelo de generalización que ya hemos visto en la ausencia de rasgos individualizadores de sus discursos. Al iniciarse la representación discursiva de las narradoras se menciona, por ejemplo, que el lugar de residencia de todas ellas son los pueblos jóvenes y otros sectores populares de la ciudad de Chimbote y, que por no ser oriundas de la región, pertenecen al *status* de "inmigrantes". Una vez examinados cada uno de los fragmentos individuales notamos subdivisiones adicionales. Sólo a una sección de estos fragmentos corresponde el testimonio propio.

El fragmento nombrado "Dalila" que abre los relatos pertenecientes a la categoría de "madres solteras" ejemplifica el tipo de representación parcelada al que nos referimos:

1)   *Título del fragmento*: "prostitución velada"

2)   *Nombre de la narradora*: "Dalila"

3)   *Edad*: "26 años"

4)   *Número de hijos*: "2". En otro relato asignado con el nombre de "Antonia" la narradora dice no recordar exactamente el
número de hijos. En el lugar que ocupa la respuesta leemos,
"Muchos hijos (6 ó 7)" (MS 2, 91).

5) *Antecedentes*: En esta sección se incorporan ciertos datos
personales de la vida de la narradora formulados por los investigadores, aunque como aquéllos mencionados previamente,
llegan también éstos rodeados de grandes generalizaciones.

En los antecedentes de "Rosa" se indica que, "este es el caso de
una joven madre forzada a separarse de su esposo, quien la busca, la encuentra y quiere llevársela, pero ella duda porque él no
hizo lo necesario para encontrarla pronto" (MS 2, 17). En el de
"Lucero" escriben los sociólogos:

Nos recibe tímidamente en la puerta de su casa. No nos hace
pasar porque "adentro hay mucha gente". Efectivamente,
mientras conversamos, de la casa entran y salen a mirarnos,
comenzando por los niños y luego los adultos (MS 2, 151).

6) *Testimonio*: Estas narraciones varían en extensión de una a
cuatro páginas. Sin embargo, como ya se ha señalado, la ausencia de las preguntas orientadas a la formulación de este discurso, el aspecto ficticio de su nomenclatura, mas la uniformi-
dad de sus enunciados supliría la necesidad de querer brindarle
al testimonio una máscara de objetividad, por un lado, y, por el
otro, de disminuir la importancia de los rasgos individuales de
cada relato. De ahí que al final de la lectura de los testimonios,
ninguna de las narradoras ni de las narraciones parece haber
adquirido un nivel de singularidad propio. El final de los relatos
está marcado también por el mismo lenguaje formulaico de las
ciencias sociales: la fecha de la entrevista y el nombre de la
región de Chimbote en la que habita la narradora.

7) Reflexiones: Termina cada fragmento con un rectángulo
titulado "Reflexiones" el cual contiene tres preguntas orientadas
al lector del texto. Al final del relato de "Dalila" se encuentran
las tres siguientes preguntas:

• La vida de Dalila ¿hubiera sido la misma de haber tenido el
   afecto de su madre y de su padre? ¿por qué?

• ¿Qué opinas de las mujeres que, forzadas por las circunstancias, se prostituyen para tener con qué alimentar a sus
   hijos?

• ¿Por qué hombres como Miguel y el patrón de Dalila sólo ven
   a las mujeres como objeto sexual? (MS 2, 16).

Se hace necesario añadir que en la segunda clasificación, la de las "madres abandonadas", el formato de los fragmentos es el mismo que el de las "madres solteras" con la excepción de que en el primero se encuentra una subdivisión adicional, orientada a incorporar el número de abandonos experimentados por cada una de las narradoras/testigos. "Azucena", por ejemplo, "ha sido abandonada tres veces" (MS 2, 65); "Zoila", "abandonada una sola vez" (MS 2, 99); "Eloísa", dos veces abandonada por el mismo varón" (MS 2, 123), "Rosario", "multiabandonada" (MS 2, 129).

El elemento que brinda unidad a los veinticinco relatos es el tema del estudio analizado minuciosamente en el primer volumen: el de la maternidad y de la crianza de los hijos por parte de la madre, sin la presencia y el apoyo físico y económico, del "varón", término usado frecuentemente por los sociólogos. Asimismo, siguiendo los criterios de la crítica contemporánea vinculados a estudios similares se encuentran aspectos generales que los identifica con ellos. Son relatos breves, narrados en primera persona, la que se autorepresenta como la protagonista de su propio texto. Las veinticinco narradoras son también testigos de lo narrado. Como tal, caben dentro de los dos tipos de madres elaborados por los sociólogos, "Madres solteras" y "Madres abandonadas". Las narradoras son analfabetas, razón por la cual sus relatos han sido traducidos al español. Para la transcripción de los relatos de la oralidad a la página escrita se menciona el uso de una grabadora. Como otros testimonios, también en cada uno de éstos se nota una necesidad apremiante de comunicación, lo que René Jara ha denominado "narración de urgencia". En el testimonio titulado "Rosa", por ejemplo, el transcriptor menciona que la narradora "se muestra predispuesta a colaborar, tal vez porque siente la necesidad de conversar, desfogar sus preocupaciones y confiar en alguien sus sueños, sus esperanzas" (MS 2, 17); en el de "Azucena" se indica que la testigo tiene "grandes deseos de hablar sobre su vida" (MS 2, 65).

El documento sociológico busca un modo de representación que manifieste la objetividad e imparcialidad de su narración, y que esté basada en la *realidad* de los eventos que representa: "la realidad nos muestra que esto no es así" (MS 2, 13). De ahí que estas descripciones lleguen acompañadas de Anexos estadísticos compuestos de sesenta cuadros vinculados al fenómeno de las madres solteras y de las abandonadas; cada cuadro conlleva su inscripción. En el número uno leemos, "Números de madres solteras y madres abandonadas. Censo 1990 en 2,198 viviendas" (MS 2, 105). El dieciseís se titula, "Nivel de Instrucción de las madres" (MS 2, 114), en tanto que en el cuadro diecisiete se lee "Grado promedio de escolaridad según tipo de madres" (MS 2, 114). A partir del cuadro cincuenta y siete el énfasis en la objetividad de las estadísticas se ha alterado para dar cabida a una cierta ruptura en la imparcialidad señalada hasta este momento. En los calificativos que acompañan los dos primeros cuadros, "Sugerencias para prevenir la situación de madres solteras" y "sugerencias para prevenir la situación de madres abandonadas" (MS 2, 144) participa cierto elemento de ambigüedad ya que el lector no puede menos que preguntarse dónde se originan estas sugerencias. ¿Provienen ellas de las madres entrevistadas o de los autores del estudio? Los últimos dos cuadros apuntan en la misma dirección: "comportamiento deseado en los varones para evitar aumento de madres solteras" (MS 2, 145) y "comportamiento deseado en varones para evitar aumento de madres abandonadas" (MS 2, 146). La presencia del verbo "desear" penetra la aparente objetividad del discurso sociológico, en tanto revela la presencia de lo imaginario. Por otro lado se ha llevado a cabo la ruptura en la continuidad del discurso del sufrimiento de la mujer, el que ha sido sustituido por otro antitético al primero. Surgen vocablos como "Fidelidad", "Responsabilidad contra la mujer y los hijos" (MS 1, 145).

El análisis del contenido discursivo de los veinticinco relatos orales incorporados en el segundo volumen pone en tela de juicio el empeño de los autores del estudio de investir las narraciones de las testigos, de estructuras y enunciados provenientes de la documentación científica. La lectura de los testimonios nos demuestra una complejidad discursiva que dista mucho de la supuesta imparcialidad y objetividad por la que abogan los enunciados de la sociología. Para empezar, la presencia constante del *yo* en el relato oral sugiere una multitud de posibilidades. En primer lugar, los pronombres personales en primera persona impregnan los relatos de una subjetividad difícilmente localizada en los enunciados científicos. Por otro lado, el dominio del *yo* que es también un *nosotros* en los relatos orales, busca la confrontación con la individualidad del *yo* que caracteriza a la cultura occidental. Recordemos que el *yo* del relato oral es un eco del acontecer de la colectividad. El énfasis en el grupo acentúa la realidad cultural de las sociedades testimoniales. Por último el *yo* popular del testimonio reclama su posición de autoría en los documentos científicos. Su función llama la atención a su presencia en los testimonios, no como objetos del relato sino como agentes del mismo. En suma, la objetividad con la que los investigadores quieren revestir el relato oral es subvertida por la multiplicidad de funciones que el *yo / nosotros* desempeña, en los testimonios.

Otro elemento que mina la objetividad del estudio es la multiplicidad de textos que participan en la formulación del testimonio, entre los que se distingue el sociológico y de menor extensión, aunque de tanta trascendencia como el primero, el político. Ambos corresponden al ímpetu, a la vehemencia con la que los profesionales buscan convencer a cierto tipo de lector de la *verdad* de sus conclusiones: reconocimiento que termina por llevarlos a la acción. Otro elemento que subvierte la aparente objetividad de los relatos orales es la función de la memoria. Cada uno de los relatos es la representación gráfica de unos sucesos que supuestamente se llevaron a cabo en el pasado y que son resucitados por la memoria. Cada uno de ellos corresponde, por consiguiente, a un proceso de selección entre una multitud de posibilidades narrativas.

Se percibe asimismo, la combinación de datos catalogados como representaciones directas de la *realidad* de la vida de la narradora y las notas editoriales formuladas por ella misma. Estas notas editan, comentan, y a final de cuentas, contrarrestan la verosimilitud de las primeras.

Además de la presencia de los textos sociológicos y políticos, y del discurso del recuerdo en la formulación de los testimonios, se encuentra también representada la ficción. Las vidas de las testigos y la propensión a descripciones violentas y de vejación son claros ejemplos de una combinación del discurso realista acompañado de trazos del naturalismo de finales del XIX. El dominio del *yo* narrador, por otro lado, nos asegura la presencia de los textos románticos y autobiográficos; la presencia del diminutivo, "animalito", "casita", acentúa la subjetividad del mismo. Entre la multiplicidad de *tropos* que reflejan la presencia de lo imaginario se hace necesario reiterar el uso recurrente de imágenes en la representación del dolor y del sufrimiento de la mujer/testigo y de su entorno físico y afectivo. Abundan símiles como, "[empecé] a gritar como histérica" (MS 2, 104), "seguro que nadie ha sufrido tanto como yo" (MS 2, 108) y, "yo vivía como un animalito" (MS 2, 108). De las múltiples metáforas destacan "desamparo", "dolor", "angustia"; estos sentimientos se extienden a lo largo de todos los relatos con frases como, "de pronto me vi abandonada, me vi sola, vi ante mis ojos una situación que no conocía" (MS 2, 102).

Con el propósito de apoyar el efecto creado por estas formas del discurso se encuentra el uso excesivo de adjetivos: "papá era mujeriego, borracho, pendenciero y cargoso" (MS 2, 27). El uso recargado y repetitivo de estas imágenes apunta a otro de los rasgos del relato oral: la hipérbole. La exageración del lenguaje se transmite, asimismo, en la modificación del sentido propio que se le aplica a ciertas palabras. Las relaciones sexuales se convierten en "compromisos", "hacer eso", "[dejarse] hacer de él 2 hijos", "[ser] mujer a los 14 años" (MS 2, 59), "emparejarse", "dormir juntos", "juntarse", "afanarme". El hombre se convierte en el "varón", "el papá de mi hijo" en tanto que el embarazo es "salir en cinta". El acto físico de tener al hijo/a es "dar a luz". Habría que mencionar el uso denotativo de ciertas palabras como una característica más del discurso oral: El término "comparendo" por el uso familiar de "compadrazgo" sería uno de estos ejemplos.

El aspecto imaginario del discurso oral se vislumbra en dos aspectos adicionales al estudio de la soltería y del de las madres abandonadas. El primero es el marco teatral que contiene los relatos orales. En la Presentación del segundo volumen los profesionales se refieren al "drama", al "dramatismo", y a la "desgarradora historia" de los relatos. Las narradoras son los "actores" y "protagonistas" cuyas características provienen de los relatos épicos: el desamparo y la extrema pobreza. Cada una de ellas sostiene una "heroica vivencia" ante las intenciones destructivas de sus antagonistas, los "inescrupulosos varones que se aprovechan de la inocencia y desamparo de madres solteras o abandonadas" (MS 2, 8). Al final, sin embargo, la abnegación y la virtud pagan: cada una de nuestras heroínas sobrevive "la precaria estabilidad de una sociedad al borde del abismo" (MS 2, 8).

El segundo elemento del imaginario lo encontramos en un poema de Gloria Antonia Henríquez impreso en la carátula posterior del primer volumen titulado:

FORJEMOS LA MISMA LUCHA

Amado,
amigo,
compañero:
tengo una cara nueva
para esa nueva vida,
mis ojos,
mi nariz,
mis labios,
mis oídos,
ya no son los mismos.
han cambiado conmigo.

Tengo también un nuevo corazón
y estas nuevas manos
más largas y más claras,
míralas amor
más fuertes cada día,
pero mi soledad y mi angustia
serán siempre las mismas
hasta que mis ojos
no vean en los tuyos
la cara nueva de tu nueva vida,

hasta que mis manos
no formen con las tuyas
una sola mano
y unidos y enlazados
forjemos la misma lucha
cantemos el mismo canto.

En una primera lectura se podría pensar que el poema
es un llamado a la lucha armada y a la unidad en la lucha
propuesta por *Sendero Luminoso.*[46] Se puede llegar a la
conclusión que el tema del poema sí, es eso, pero es también
mucho más. Vistos en términos discursivos podemos concluir que "Forjemos la lucha juntos" es la metáfora de un
puente que conecta un lenguaje que se piensa objetivo y
poseedor de la verdad, un lenguaje basado en la instancia
gráfica y en la representación de la cultural occidental –el
científico– frente a un lenguaje popular, cargado de una
multiplicidad de voces y códigos y caracterizado por la *he-*
terogeneidad de sus signos –el oral. La relación de ambos
discursos en el mismo espacio que proveen los promotores
del estudio sociológico produce un lenguaje ambivalente,
irónico. Cada una de sus palabras conlleva una variedad de
significaciones provenientes de ambas instancias. En suma,
el lenguaje de los relatos orales se encuentra en una actitud
de confrontación ante la palabra científica. Ante la objetividad de la primera se coloca la subjetividad de la segunda;
ante el individualismo que caracteriza la grafía occidental
se antepone la instancia colectiva de un *yo / nosotros*; ante
la singularidad de la palabra profesional se coloca una
multiplicidad de voces provenientes de una multiplicidad de
códigos discursivos; ante el documento textual se coloca una
variedad de textos provenientes de una literatura escrita y
otra oral. Por otro lado, el anhelo de dominio que prevalece
en el pimero se yuxtapone al deseo de independencia lingüística del segundo y en el espacio que les provee la escritura científica los discursos populares establecen una
actitud combativa con estructuras y discursos que les son

---

46 Blondet señala que las mujeres tienen una participación significa-
   tiva en la guerra interna y que su presencia en el conflicto armado
   se da especialmente en *Sendero Luminoso.* Añade que de acuerdo a
   Sendero, un 40% de sus militantes son mujeres (Blondet 98).

ajenos. En la repetición, vacía y formulaica de los enunciados sociológicos en sus representaciones orales, el testimonio parodia las pretensiones objetivas del primero.

Es justamente en virtud de lo anterior que es necesario replantearse la relación entre la palabra oral de los testigos y la científica de los investigadores. La lectura cuidadosa de los testimonios revela rasgos intrínsecamente característicos a la oralidad, los que se manifiestan en el tono enfático de las declaraciones, en el uso de un lenguaje metafórico, en el predominio de la hipérbole, en el juego lingüístico de su palabra al contravenir las reglas del orden sintáctico de los documentos, en la ambigüedad de los recuerdos, en la multiplicidad discursiva, en otras palabras, en la ambivalencia del significado.[47] La presencia del discurso sociológico en las formulaciones populares apunta a la capacidad creativa y recreativa del testimonio. Como resultado, el relato oral derrumba la autoridad del discurso hegemónico proveniente de los documentos científicos y con ésta, la noción de que los testimonios de las testigos puedan servir simplemente de exégesis a las ciencias sociales. En última instancia, los testimonios de *Madres solteras / Madres abandonadas* se refieren a ellos mismos, y sólo muy tangencialmente al discurso científico.

---

[47] Algo semejante se podría señalar sobre el tema de la documentación. No creo que vayamos demasiado lejos al establecer una línea unificadora entre la representación del "varón ausente" en *Madres solteras / Madres abandonadas* con la palabra del discurso científico: su presencia hegemónica, su deseo de control, su máscara de "lo real" y "lo verdadero", creíble sólo hasta el momento en que la testigo descubre las verdaderas reglas del juego: "yo ni cuenta me daba", "yo vivía en otro mundo" y "ahora no doy ni medio por él" (13).

IV

**Valderrama Fernández, Ricardo y Carmen
Escalante Gutierrez.** *Gregorio Condori Mamani.
Autobiografía.* **1979.**

*Gregorio Condori Mamani es huérfano. No conoce a sus
padres, no tiene parientes y no son éstos, como padrinos, los
que cortan sus cabellos en el primer rito de introducción a
la sociedad, sino su propia madrina. Cuando ya tiene los
huesos duros para trabajar, cuando ya puede tejer su propia vida, ella le manda de la casa y entonces empiezan sus
andanzas por el mundo.*

Prefacio (I)

*Ahora, recordando, digo que hay más sufrimiento que
antes. Esta vida ya no es para aguantar. Esta vida está
más pesada que la carga en mis espaldas. Cuando los días
y los años pasan, esta espalda siente más la carga. Así está
la vida. En mi ignorancia digo, si las llagas de este Dios
son causa para tanto sufrimiento, para cuatro días de vida... ¿Por qué no se le busca y se le cura?*

Gregorio Condori Mamani (10)

Con estas palabras empieza la versión en español del documento antropológico de Ricardo Valderrama Fernández y de Carmen Escalante Gutiérrez basada en los relatos personales de Gregorio Condori Mamani y de Asunta Quispe Huamán, su mujer, ambos emigrados de Acopía, distrito de la provincia de Acomayo, Cusco, y residentes desde hace más de cuarenta años en la ciudad del Cusco. En el momento de las entrevistas ambos residen en la barriada de Coñipata [sic]. El relato de Gregorio ocupa noventa y cuatro páginas y el de Asunta, treinta y dos. El propósito del estudio lo establecen Valderrama Fernández y Escalante Gutiérrez al final de la Nota Preliminar. Mencionan que quieren satisfacer el deseo de Gregorio de "que se conozcan los sufrimientos de los paisanos" (VIII) en situaciones semejantes a la suya. Migrante y en condiciones ínfimas de trabajo como cargador, Gregorio narra sus aventuras personales con la finalidad de sensibilizar al lector sobre la formación de un sindicato de trabajadores:

> Para no ver esta vida de cargador, yo, como viejo, quisiera que todos los cargadores que vivimos aquí en el Cusco, viejos y jóvenes, nos juntásemos en un sindicato. Así haríamos una sola fuerza, con una sola voz. A ver si así se abren los ojos de la justicia hacia nosotros y viéndonos nos ayuden en algo y ya no moriríamos como perros, en las calles, arrastrando nuestros harapos tras la carga (92).

Según los responsables del estudio, *Gregorio Condori Mamani* busca ilustrar los sufrimientos de los futuros inmigrantes en condiciones semejantes a las de los dos hablantes y utilizar su relato con miras a la posibilidad de una consolidación laboral de migrantes como Gregorio y a la formulación de sindicatos que los induzcan a soliviantar sus necesidades existenciales. Sin embargo, como veremos a continuación, los testimonios de Gregorio y Asunta no sólo reflejan las condiciones difíciles de sus vidas. El análisis de sus relatos nos lleva a la conclusión que, detrás del aparente objetivo informativo y didáctico que los responsables del estudio desean brindarle a sus palabras, los relatos orales contradicen dicha objetividad en tanto apuntan más que nada hacia su ambivalencia discursiva. La tensión que emana de la palabra de los testigos es el resultado del deseo de los estudiosos por buscar la objetividad de los testimonios y la subjetividad y arbitrariedad de los signos orales.

En las primeras páginas de *Gregorio Condori Mamani* se establece la publicación original de dos ediciones, la primera, de 1977, es una versión bilingüe quechua-castellano y la segunda, de 1979, en castellano solamente; nuestro análisis se basa en esta segunda edición. Se ha venido publicando ediciones adicionales a la edición bilingüe en el Perú, en 1982 y en 1992. También se han hecho ediciones en el extranjero: en España en 1983 y en Cuba en 1987. Se han traducido al noruego (1981), al alemán (1982) y al holandés. En 1994 sale a la venta una edición bilingüe, quechua-castellano, del relato de Asunta. Hay que tener presente que en la última sección del testimonio los editores han incorporado un Glosario de los vocablos quechuas con su traducción al español. En algunos casos solamente se ha traducido del quechua al castellano: "*Saqha*: diablo, demonio" (135), en tanto que en otros, la minoría, el vocablo quechua ha sido traducido y contextualizado a la cultura indígena: "*Lawa*: sopa de maíz o de chuño, que es el alimento cotidiano e indispensable en una familia de campesinos indígenas" (132).

La publicación de la versión en inglés, por la Universidad de Texas, se produce en 1996. A la edición en inglés de Paul H. Gelles y de Gabriela Martínez Escobar, Gelles ha añadido cinco secciones ausentes en las originales, una Introducción, una Nota Preliminar, un *Postscript*, un Glosario y, en las últimas páginas del estudio, un Índice. Son varios los aspectos interesantes de estos añadidos por lo que indican sobre Gelles y su relación a los testimonios orales. En primer lugar, Gelles participa de la opinión que los testimonios reflejan directamente la reaidad peruana y que los narradores son voceros de esta realidad. En su Introducción, por ejemplo, Gelles señala que Gregorio y Asunta hablan en nombre de los oprimidos, marginados y de todos aquéllos que no tienen representación en las culturas andinas. Menciona, por consiguiente, que los testimonios de ambos reflejan la realidad de su entorno:

[They] take us inside a unique worldview and historical consciousness, transporting us to a society where the colonial experience lingers heavily in both belief and practice (13).

Por otro lado, Gelles concuerda con aquellos otros críticos que consideran los testimonios de ambos indígenas objetos de resistencia ante la injusticia que marca la vida de los protagonistas. El considera que estos relatos, basados en las memorias de los hablantes, subvierten constantemente "the burden of subjugation" (13).

En la sección de Notas se incluyen fragmentos, en itálicas, de los testimonios de Gregorio y Asunta, traducidos al inglés. Al lado de cada fragmento se halla su explicación, también en inglés, para aclarar el contexto cultural de los fragmentos:

> 1. *I'm from Acopía and it's now forty years since I came here from my town-my name is Gregorio Condori Mamani*: Andean peasant villagers have a distinct sense of place ..., and it is significant that Gregorio mentions his town before telling us his name (145).

En el Glosario, revisado, las palabras quechuas han sido traducidas y contextualizadas en inglés: "*apu* (Q.): 'Literally, lord. Refers to a powerful Andean deity that resides in peaks and mountains ....' " (175). El título de la obra ha sido alterado: *Andean Lives: Condori Mamani and Asunta Quispe Huamán* (1996), y se le han añadido varias fotografías (tomadas por Eulogio Nishiyama), ausentes en las ediciones originales, de Gregorio, de Gregorio y Valderrama, de Asunta, de cargadores y vendedoras y muchas otras que no aparecen en las ediciones originales. A las varias secciones se les ha antepuesto títulos también ausentes en las ediciones originales. En la sección titulada *Postscript*, Gelles ha incorporado algunos datos sobre la vida de los antropólogos encargados del estudio y de los narradores a partir de la publicación original del texto. Ricardo y Carmen se mudaron de Coñipata. Gregorio falleció, atropellado por un automóvil, en 1979; Asunta murió de muerte natural en 1983. Sobre las publicaciones de los testimonios señala que alcanzaron los objetivos deseados por los organizadores: no sólo han sido objeto de muchas ediciones y traducciones sino que han logrado despertar una conciencia sobre la pobreza y las brutales condiciones de vida en los Andes. En 1987, con ayuda alemana y cusqueña, "who were moved by the narratives and who realized that there was a complete dearth of social services for strappers" (137) se fundó la Asociación Civil Gregorio Condori Mamani. Esto contribuyó al establecimiento de dos fundaciones adicionales para la ayuda al cargador: Asociación Gregorio Condori Mamani y Casa del Cargador. Al finalizar esta sección Geller confirma, una vez más, la declaración hecha por los hablantes a los entrevistadores: "The published narratives, then, have indeed fulfilled Asunta's and Gregorio's wishes 'that the sufferings of our people be made known' " (138).

Un elemento significativo que Geller trae a colación y que apunta a lo que nosotros percibimos como un punto débil en su actitud frente al testimonio radica en su rechazo de los hablantes como autores de sus textos. A consecuencia del analfabetismo de los hablantes, de la grabación de sus relatos y de la transcripción de los mismos por los antropólogos, Geller niega la autoría a Gregoria y a Asunta pero destaca la mutiplicidad autorial de sus textos: "The production of testimonials such as those presented here is thus a complex, heavily mediated, collaborative process" (5). La noción de multiplicidad, pues, parece hacerse aún más ambigua cuando menciona que aunque las historias, las palabras y el acto de atestiguar pertenecen a los hablantes, son los profesionales los verdaderos autores:

> Clearly, then, Gregorio's and Asunta's accounts were summoned forth, mediated, and in a sense 'authored' by the interview and transcription process and the editorial decisions ... made by Valderrama and Escalante (5).

Gregorio y Asunta son quechuas monolingües, razón por la cual sus relatos fueron originalmente narrados en quechua a los autores del documento. Estos, familiarizados con la lengua de sus hablantes los traducen al castellano, y de ahí a la página en blanco. Escriben los antropólogos:

> El hecho de ser el *runa simi* [quechua] nuestro idioma materno, ha facilitado que la traducción al castellano resulte lo más cer-

cana del texto quechua, conservando así la forma muy peculiar
de expresarse de los bilingües andinos de la zona (VII).

El título de la obra conlleva solamente el nombre del
narrador, Gregorio Condori Mamani, aunque Asunta también participa con su propio relato. La obra empieza con
una foto de Gregorio en la cubierta. Le sigue un Prefacio
firmado por R.T. Zuidema, una Nota Preliminar con las iniciales de los antropólogos, R.V.F y C.E.G., los relatos principales de los dos testigos que informan la obra y un Glosario final, que consta de nueve páginas de vocablos indígenas y sus traducciones al castellano, y de unas pocas
palabras en castellano con sus explicaciones, en castellano,
contextualizando su uso en los relatos.

En la Nota Preliminar elaboran las circunstancias que
condujeron a los antropólogos a entrevistar a Gregorio y a
Asunta. El programa inicial comenzó con el rodaje de un
documental sobre los cargadores del Cusco llevado a cabo
por un equipo de antropólogos en 1973, "este trabajo [de
entrevistar a la pareja] ... fue iniciado en 1973 cuando en-
trevisté como asistente antropológico del film 'El Cargador'
a cargadores ... con la finalidad de obtener datos sobre la
situación de ellos" escriben R.V.F. y C.E.G. (V). Una vez ter-
minado de filmar el documental los encargados del documental decidieron continuar con la entrevista de Gregorio
por varias razones, entre las que se menciona la amistad
que había surgido con Gregorio en el transcurso del rodaje,
la confianza que éste depositó en el equipo de antropólogos
y su asombrosa capacidad narrativa. Con estas entrevistas,
afirman los antropólogos, Gregorio y Asunta reconstruye-
ron, "su historia de vida" (V). Señalan también que el proceso de las entrevistas fue interrumpido repetidas veces
para volver a entrevistarlos "con el objeto de que ampliaran
aspectos que habían pasado de largo" (VI). Sobre los temas
elaborados en las entrevistas, fueron los narradores mismos
quienes los decidieron (VI).

Una vez establecido el criterio de las entrevistas, los
coordinadores elaboran el proceso al que se recurrió para
lograr la recolección de los relatos y su difusión. Recogieron
las entrevistas en quechua en cinta magnetofónica y, a

partir de junio de 1975, empezaron su transcripción. Añaden que su traducción del quechua no es "la única ni la más perfecta" (VI); por consiguiente, el lector puede o no aceptarla. Sobre la transcripción al castellano se ha preservado un determinado número de palabras en quechua, por lo que se sintieron en la obligación de añadir el Glosario. En suma, son varias las funciones que el equipo de antropólogos despliega en la formulación de esta obra: la de recolectores de los relatos en las cintas magnetofónicas, la de traductores del quechua al castellano y de la oralidad a la escritura, la de organizadores y difusores de los relatos. Conviene aclarar también que la participación directa de los antropólogos, al estilo de los "Antecedentes" y "Reflexiones" de *Mujeres solteras / Mujeres abandonadas*, no se encuentra presente en los relatos de Gregorio y de Asunta. De otra parte, y siguiendo el modelo de la obra de Matos Mar, "18 biografías", los antropólogos encargados de los relatos orales de Gregorio y de Asunta han solicitado la intervención en los relatos del "joven literato" Enrique Rosas de la Universidad Nacional del Cusco. Aunque no se menciona directamente en qué radica su colaboración no podemos menos de pensar que está relacionada con una posible transformación "literaria" de los relatos.

Pero la ausencia del entrevistador es sólo aparente. Una lectura de los relatos nos revela la presencia autoritaria del texto antropológico en el documento, desplegando de esa manera una de las características más salientes de los documentos que analizamos en nuestro trabajo. La hegemonía científico-social se expresa a varios niveles. En la introducción a la obra, Valderrama Fernández y Escalante Gutiérrez manifiestan haber tenido una relación cómoda y familiar con los hablantes. Antes de que se llevara a cabo la recolección de los relatos, habían convivido juntos como vecinos en Coñipata, una barriada marginal del Cusco en 1968 (VI). Valderrama se encontraba haciendo trabajo etnográfico en preparación para su título profesional: "Durante los años en que fuimos vecinos, entre nosotros surgió una profunda amistad, a través de la que posteriormente emprendimos este trabajo" (V). Para puntualizar la relación estrecha de familiaridad que los cuatro mantenían describen minuciosamente la casa, pequeña y mal construida, al lado del basural donde habitaban los dos narradores:

> La suya es una de las pocas viviendas que carecen de luz, agua y desagüe; y que no ocupa más de trece metros cuadrados de tierra, sobre los que se alza una habitación de adobe, que es el dormitorio donde además se crían cuyes. A uno de los costados se le ha anexado otros muros que protegen un fogón de barro, donde cocina Asunta, y en el espacio restante ella cría siete gallinas y dos perros (V).

Documentan, además, las ocupaciones de ambos, Gregorio como cargador y Asunta en su negocio de comidas. Se refieren también a ciertos detalles personales de la vida de la pareja, empezando con el peregrinaje de ambos en su condición de migrantes.

La presencia del científico social se nota en la insistencia con que el investigador desea convencer al lector de lo verídico de los relatos: "esta es la historia auténtica de Gregorio Condori Mamani y de Asunta su mujer" (V), y: "[estos] datos nos sirvieron para confirmar la veracidad del relato" (V), leemos en la Nota Preliminar. Se desea convencer al lector de que lo real en los relatos se obtiene sólo a través de la mediación que hace posible la presencia de la voz antropológica. Consecuentemente, por toda la obra encontramos expresiones cuyo propósito no es otro que el de incitar al lector a aceptar la autoridad antropológica para llegar a la verdad del discurso amerindio. De ahí el esfuerzo por aclarar aquello que pudiera mantenerse en la oscuridad o complejidad del lenguaje. Expresiones como, "es interesante aclarar la referencia que hace Gregorio sobre la primera vez que llegó el aeroplano a Sicuani" (VI) o, "comprobamos también que Gregorio entró a la fábrica de tejidos de algodón Huáscar el primero de octubre" (VI) o, "confirmamos también que en efecto la muerte del líder sindical que él menciona" (VI) son muestras fehacientes de la presencia autorial.

La presencia de las ciencias sociales la corroboran, asimismo, las palabras de agradecimiento que al final de la Nota Preliminar dirigen los autores de la obra a los otros

profesionales que han colaborado en la producción del
proyecto, aunque en algunos casos no se indican las funciones que éstos desarrollaron en la elaboración del texto.
Al final del Prefacio se destaca el nombre de Rosario Val-
deavellano, "por la adaptación del texto quechua al al-
fabeto oficial aprobado el 16 de octubre de 1975". Se agra-
dece, asimismo, a los doctores Franklin Pease y Jürgen
Riester, de la Pontificia Universidad Católica del Perú, "por
la lectura y sugerencias de los primeros manuscritos de la
versión castellana" y al Centro de Estudios Rurales Andinos Bartolomé de las Casas y a su Director Dr. Guido
Delran por su apoyo en la elaboración del trabajo (VII–
VIII).

Para empezar, son varios los aspectos de los testimonios
orales de Gregorio y de Asunta que nos llaman la atención:
su aspecto intertextual, su bilingüismo y lo que nosotros
venimos denominando como la poética del sufrimiento. La
estructura de los relatos de Gregorio y de Asunta comparten con otros testimonios citas y reminiscencias provenientes de una multiplicidad de textos. Destacan, además
de la antropología, la sociología, la historia, la política y la
literatura.

Dos son los temas que subrayan la importancia del texto
sociológico en los discursos de los hablantes. El primero, y el
más extenso, es el de la migración, en tanto que el segundo
informa sobre las condiciones de la mano de obra en el
Cusco. En el momento de las entrevistas Gregorio y Asunta
están establecidos en el Cusco donde llegaron como migrantes, hace cuarenta años, en busca de mejores condiciones de trabajo. Son varios los estudios que se vienen
haciendo sobre el incremento de la población en el departamento del Cusco y sobre el impacto de los movimientos
migratorios en este incremento. Jorge Díaz G., por ejemplo,
señala que en los últimos cuarenta años la población ha
aumentado un 71%, y que en el ámbito urbano el incremento ha sido de 181% (79). En el Cuadro Anexo No. 1
distribuye los totales del incremento de la población en los
siguientes términos. En 1940 el total de la población
urbana fue de 123,882, de la rural, 362,710, haciendo am-

bas una cantidad de 486,592 habitantes; en 1981, la población urbana es de 348,396, la rural de 484,108, el total
de ambas cantidades: 832,504 (119).

Rénique, por su lado, explora el crecimiento explosivo de
la zona urbana como resultado de la migración. Entre 1972
y 1981 la población de la provincia del Cusco pasó de
143,343 a 204,442 habitantes. De las 437 hectáreas que
ocupaba la ciudad en 1956, la antigua capital crecería hasta 872 en 1970. Como resultado, "el antiguo casco urbano
fue desbordado. Las laderas de los cerros y las quebradas
del valle del Cusco fueron cubriéndose de modestas viviendas" (259). Al referirse directamente a la pobreza de la
región, Díaz G. señala que el campesinado pobre, del que
forman parte Gregorio y Asunta, está compuesto por los pobladores que están ubicados en las zonas con escasos recursos productivos, que no poseen tierra ni ganado y que
son los que se relacionan principalmente con la economía
capitalista (114), a través de la venta de su fuerza de trabajo. [48]

Son varias las razones que dieron lugar a la migración
hacia Cuzco. Rénique, por ejemplo, apunta que la sequía de
la sierra sur en 1956-1957 produjo una masiva migración
hacia las ciudades de Cusco y de La Convención, lo que
contribuyó al estancamiento productivo del lugar, "la migración rural satura la ciudad, llevando su infraestructura
y sus servicios a un punto crítico" (371). Señala Rénique
que es en estos momentos que dirigentes sindicales y
abogados comunistas empiezan a organizar el descontento,
"proporcionando medios de expresión a un movimiento que
cobrará una fuerza inusitada" (371). En 1957 se llevó a
cabo un levantamiento popular por toda la ciudad del Cusco, y a principios de la década de los '60 se empezaron a ver

---

[48] Díaz G. señala que el atraso del agro no se puede generalizar a todas
las zonas del Cusco, porque dentro del subdesarrollo general, existen sectores del campesinado que son relativamente activos y se
encuentran en un franco proceso de desarrollo capitalista con sus
propias características. Las zonas que están débilmente relacio-
nadas con el capital son las que él considera como "deprimidas" o
que se encuentran en un proceso de subdesarrollo crónico (114).

los inicios de una movilización campesina. "Los organizadores sueñan con un frente popular basado en la alianza obrero-campesina de que habla la teoría revolucionaria" escribe Rénique (371).[49]

La gesta migratoria de ambos narradores se marca en los dos movimientos vinculados a la migración, el de la salida del pueblo de origen y el del establecimiento en la ciudad. En el Prefacio leemos, "y así siguen sus andanzas [de Gregorio], ahora en dirección al Cusco" (I) y, en la Nota Preliminar, "ésta es la historia auténtica de Gregorio Condori Mamani y de Asunta su mujer, ambos quechuas monolingües. Gregorio proviene de Acopía y Augusta de Coñipata, Pueblo de San Jerónimo.

Dado el énfasis en la odisea migratoria de los protagonistas, gran parte de los relatos de ambos está también orientado a la representación de las diferentes actividades laborales que vienen desempeñando los testigos desde la salida de sus pueblos. El de Gregorio, por ejemplo, despliega las funciones de un cargador, trabajo que viene desempeñando el protagonista por muchos años. Vinculados al tema de la migración encontramos, asimismo, referencias a la vida en sus pueblos de donde son oriundos, en contraste con las barriadas populares donde se encuentran localizados. Se evoca, por ejemplo, la reciprocidad, el principio fundamental de la organización socioeconómica andina, el *ayni*. Se mencionan los cambios y transformaciones en sus hábitos y costumbres desde la salida de sus pueblos de origen: "Aquí en Cusco, he visto poco esta costumbre del *ayni*, desde que vine" (23). Se incorporan ciertos detalles de la vida de los testigos desde la salida de sus pueblos así como los pormenores de las experiencias de Gregorio en el cuartel como soldado raso (30, 38) o, sus experiencias en la cárcel

---

49 En el excelente estudio, *Los sueños de la sierra. Cusco en el siglo XX* (1991), José Luis Rénique analiza las múltiples y profundas transformaciones sociales en marcha en el Cusco, entre las que incluye las movilizaciones campesinas iniciadas en la década de los '60. No deja de resultarnos agradable la inclusión de una breve cita del relato de Gregorio Condori Mamani en la Tercera Parte del estudio de Rénique: "La hora de las masas".

(48–49), o las funciones que desempeñan los cargadores, cuando son jóvenes y fuertes y en su etapa de vejez (89).

El documento histórico participa de los relatos de los dos hablantes, aunque tiende a dominar en el de Gregorio. Es éste un historiador popular, interesado en la revisión de la historia peruana. En el capítulo cinco se refiere al presidente Sánchez Cerro y al gobierno de Benavides, entre otros. Es evidente que la capacidad de historiar su relato no proviene de una educación formal. Al contrario. Dado su nivel de analfabetismo, los datos históricos que informan su discurso provienen de textos orales más en consonancia con su formación indígena popular. De ahí que la historia peruana en su relato incorpore eventos y personalidades amerindias. En su relato, los españoles son "los españas": "No sabemos hacer ninguno de esos aparatos [i.e., aviones], pero esos 'españas' son prácticos" (41). Contrasta los "españas" a los *runas*, y despliega su conocimiento de la Conquista. Se refiere a la importancia que el papel y la escritura tuvieron en la Conquista de los pueblos amerindios (42), en tanto que contrasta la escritura europea con los medios de información andinos. En el capítulo siete elabora el significado del evento de Túpac Amaru: además de ser oriundo de Tungasuca, paisano, fue matado por los "españas" (41). Se encuentran también referencias a los gobernantes peruanos y a sus actividades políticas. Respecto del presidente Luis Miguel Sánchez Cerro menciona que derrocó al gobierno de Augusto B. Leguía con la ayuda de los españoles; con relación al general Juan Velasco Alvarado menciona la reforma agraria. Se refiere, asimismo, a las presidencias de Oscar Raimundo Benavides (1914-15, 1933-39), la de José Luis Bustamante y Rivero (1945-48), la de Manuel Apolinario Odría (1950-56), y de la fundación del partido Alianza Popular Revolucionaria Americana (APRA) por Víctor Raúl Haya de la Torre.

La presencia del texto político se nota, asimismo, en la múltiple presencia de citas y reminiscencias derivadas de la política peruana, especialmente aquéllas vinculadas a la condición laboral: a los sindicatos de trabajadores, a sus asambleas, a las organizaciones de obreros, a las cooperativas y a las dificultades entre los comunistas y los hacendados apristas (86). Gregorio hace referencia a los nuevos actores de la política contemporánea, tales como los célebres dirigentes Hugo Blanco y Emiliano Huamantica: organizadores ambos de sindicatos campesinos entre los años cincuenta y sesenta.[50] El discurso de Gregorio cuestiona, asimismo, a las instituciones políticas tradicionales, tales como el servicio que los indígenas deben prestar a la "patria" (38). Cornejo Polar señala que aunque Gregorio tenía una información simplificada de la política de su país, era certera en su conocimiento de la vida política oficial y de ciertos eventos importantes, entre ellos la construcción del ferrocarril y el aterrizaje del primer avión (*Escribir* 226).[51]

Los textos literarios en los relatos de Gregorio y Asunta tienen muchas manifestaciones. Entre ellos domina la presencia del discurso realista acompañado de rasgos provenientes del Naturalismo decimonónico. La posición central del *yo* narrador proviene de la autobiografía íntimamente vinculada al Romanticismo. El cargador empieza el relato de su vida afirmando su identidad, nombre completo y su lugar de nacimiento: "Me llamo Gregorio Condori Mamani, soy de Acopía y hace cuarenta años que llegué de mi pueblo" (1); Asunta inicia su relato recordando el pasado: "Cuando yo era jovencita ..." (95). Como narradores centrales, controlan magistralmente múltiples formas del relato. Tan cómodo se siente Gregorio con el uso de formas verbales que, por ejemplo, en su testimonio salta de un relato a otro, sin el menor vestigio de recato o timidez lingüística: un, "ahora digo que", con un, "y así fue" y luego con, "de aquí a unos días tendré". Incorpora, asimismo, vocablos arcaizantes tales como, "cuentestero", "negociantera" y "ala-

---

50 Hugo Blanco, nacido en 1934, cuzqueño, fue uno de los más importantes organizadores de sindicatos campesinos en la región del Cusco a finales de los 50 y principios de los 60. De ideología trotskista, es nombrado Secretario General de la Federación de Trabajadores del Cusco en 1962. Fue capturado en 1963 y condenado a 25 años de prisión; fue perdonado y enviado al exilio. Más adelante, regresó al Perú como senador. Fue autor de *El camino de nuestra revolución* (Lima: Ed. Revolución Peruana, 1964).
51 Véase el breve comentario de Antonio Cornejo Polar sobre este texto en *Escribir en el aire*, 224–29.

bancioso". Recurre a la memoria y al recuerdo en los momentos que considera necesarios para añadirle a su relato aspectos de dramaticidad. El texto literario se refleja también en el uso variado de imágenes poéticas, metáforas y símiles. Cuando el cargador cita una conversación que tuvo con su tía, exclama, "Entonces, desde ese día, en mi corazón se prendió, como alfiler, la idea de salir de la casa" (1), a los truenos y lluvias fuertes las compara a "camaretazos muy fuertes" (3) y, su suerte amarga es, "como la sal" (7).

Gregorio incorpora en su relato fragmentos de cuentos —"como el cuento de un ganadero que había ido a comprar ganado"– (46), provenientes de "cuentesteros" con quienes él se había mantenido en contacto. El narrador reconoce haber tenido una enorme admiración por estos "cuentesteros". A algunos de ellos los conoció en la cárcel. A Matico Quispe, por quien dice sentir un gran respeto, lo describe en los siguientes términos, "El era tan cuentestero que nunca le escuché, el tiempo que estuve en la cárcel, narrar un cuento hasta dos veces. Todo estaba listo en su cabeza" (50). Adicionalmente, es importante anotar un factor importante en el discurso de Asunta que lo hace diferir del de su marido. De los dos él es el más poético, si por tal criterio entendemos que contiene más elementos provenientes de lo imaginario. Son varias las razones que podrían responder a este aspecto del relato de la mujer campesina, pero lo que mejor se aplica, a nuestro parecer, es la brevedad de su relato. Asunta, presionada por la necesidad de transmitir un cierto sentimiento a través de la construcción de su discurso, se sujeta a un lenguaje rico en matices y gradaciones de significación.

El texto literario que más impresiona a los entrevistadores de los relatos orales de Gregorio es el mitopoético. Se asombran de la capacidad del hablante de interpretar la realidad a través del lente mitológico andino. Son varios los críticos que han anotado lo mismo. Los transcriptores de los relatos del hombre de Acopía mencionan con admiración que, "[Gregorio] tiene una memoria asombrosa de detalles: de nombres, de fechas, de precios y de números; *pero lo interpreta todo a la luz de los grandes mitos*" (II. El énfasis es nuestro). Más adelante añaden que, "los mitos interpretan, dan sentido a su vida" (II). Cuando Zuidema menciona que a partir de su estada en la cárcel, Gregorio incorporó a su lenguaje un vocabulario nuevo –palabras como *super-market* y *autopsia*– también le recuerda al lector que eso no significó que con esto perdiera su conocimiento de la mitología andina: "Describir ... para él es evocar *Pachamama* como una realidad viva y cercana; es evocar la lucha épica del *arariwa*" (III). Cornejo Polar, por su lado, escribe que los eventos que vive el protagonista o el conocimiento que va adquiriendo de las cosas a través de los años, se refieren a mitos indígenas, coloniales o modernos, "a usos ritualizados en el mundo andino o simplemente a interpretaciones que tienen esa misma raíz" (*Escribir* 226). Rodríguez-Luis señala que a través de los mitos quechuas el narrador mantiene "su vinculación con [su] cultura ancestral" (13).

En el testimonio de Gregorio la presencia de la mitopoética andina se manifiesta en la representación del Creador Dios *Wiracocha*, del señor de *Pampak'uchu*, del mito de la vieja *rit'i* (nieve), del de la madre laguna, *mamaqocha*. Gregorio relaciona algunas de sus funciones como cargador, con los mitos andinos. Menciona que su espalda tiene suerte, porque está curada a su *marka*, su deidad protectora personal, en tanto agrega, "Son las espaldas de los *carguyoq*, o de los *varayoq*, en los pueblos, que ya desde tiempo inmemorial permiten que la vida y la sociedad sigan" (III). En el relato de su hijo muerto, Tomasito, recuerda aspectos de los mitos andinos vinculados a la muerte. Se refiere al jardín del *Taytacha* donde reposan las almas de los muertos. El limbo, o noche oscura, es el *ukhu pacha*, y el lugar donde finalmente reposan las almas después que salen del limbo es el *Hanaq pacha*. El mismo Gregorio adopta la figura del dios *Cuniraya* de los mitos de Huarochirí en su autorepresentación como un personaje pobre y huérfano, andando por muchos pueblos y rechazado por ellos.[52] Se-

---

[52] Contenido y tema de mi ponencia "Mito y leyenda de *Cuniraya* en el testimonio peruano contemporáneo", leída en el XIV Simposio Internacional de Literaturas Indígenas, en Lima, en la Universidad Peruana de Ciencias Aplicadas del 14 al 18 de julio de 1997.

gún Rodríguez-Luis, como una expresión adicional de su
religiosidad Gregorio narra leyendas cristianas, "situándo-
las en un ambiente indígena, naturalmente, lo que afecta
el tono en que son descritas" (11). Entre éstas incluye el relato del Señor de Pampamarca y el del Señor de Huanca
(12). Señala también Rodríguez-Luis que Asunta no hace
ninguna mención de mitos quechuas fundacionales y que
sólo incluye una descripción de un mito religioso, la presentación de las almas de los muertos el "día del Juicio ... ante
nuestro señor del *Hanaq pacha*" (15).[53]

La presencia del texto literario se vislumbra, asimismo,
en la variedad de formas que adoptan los relatos orales. La
prosa se combina con el diálogo. Tanto la prosa como el diálogo se visten de poesía. En ciertos momentos el orden de
las palabras, la repetición de ciertos sonidos, la reiteración
de ciertas preguntas, la presencia del hipérbaton y del epíteto, brindan a sus relatos un tono lírico, dramático. De
Gregorio leemos:

> Seguro que mi madrina siempre me buscó:
> - ¿Dónde está mi pobre hijo?-diría.
> - ¿Dónde está mi Gregorio?
> - ¿Dónde se ha ido?
> - ¿Lo llevó el río?
> - ¿Lo enterró el cerro?
> - ¿Qué le ha pasado a mi Gregorio?
> - Así habrá caminado llorando mi madrina (7).

Asunta hace también un uso reiterativo de la aliteración,
brindándole a su discurso una presencia poética. Nótese, en
el siguiente ejemplo, el uso reiterado de la /s/ en las siguientes estructuras sintácticas:

> - "Así, seguramente, estaría esa vez" (120)
> - "Así, una vez traje una chanchita" (120)

---

53 La carencia de mitos fundacionales en el discurso de Asunta puede
   deberse, según Rodríguez-Luis, a que su testimonio es más breve
   que el de su esposo, pero también puede ser efecto de su carácter,
   menos preocupado por lo sobrenatural y de la posición de la mujer
   en la sociedad quechua, que quizá la excluye de su participación
   como oyente en la narración de los mitos relativos a la historia de
   su pueblo (15).

- "Así, desde aquella vez se quedó sin trabajo fijo" (120)
- "Así, solita, murió sin que nadie la vea" (117)
- "Así, feo murió mi Martina" (117)
- "Así volví a pedir licencia por tres días" (120)
- "Así empecé a cocinar" (122)
- "Así pasaron estas cosas" (123)

Los relatos de Gregorio y de Asunta se distinguen por estar basados en la memoria y en el recuerdo de eventos, lugares y personalidades del pasado. Los tiempos verbales alternan con un pretérito, con un imperfecto, y éstos con un perfecto o pluscuamperfecto. Abundan expresiones de añoranza y de nostalgia por el pasado. Importa recordar que Gregorio y Asunta relatan sus testimonios cuando ya son viejos. Estos recuerdos brindan a sus discursos un tono de de melancolía y hasta casi se podría decir, de tristeza. De Gregorio:

> Allá en Urcos yo era un desconocido, nadie me conocía y para averiguar si había viajeros al Cusco, entré a una casa donde había una banderita colgada, indicando venta de chicha. Aquí compré cinco centavos de chicha (56).

Cuando Gregorio se refiere al *ayni*, lamenta su pérdida: "Si todos hiciéramos *ayni*, estas casas de Pueblos Jóvenes, no estarían como se ven, como casas de condenados; será porque el corazón de todo paisano que se instala en el Cusco, ya no escucha las costumbres del pueblo" (23). El mismo tono de nostalgia se percibe cuando Gregorio contrasta el pasado con el presente:

> Ahora hay harta plata, pero no es plata que sirve, porque no alcanza para nada. En este tiempo, un real de pan te duraba toda la semana y todavía era de trigo puro. Ahora, en mi casa, diario se compra cinco soles de pan para el desayuno, y esos panes, carajo, parecen botones de mi polaca de cuando era soldado. Cinco soles de pan en ese tiempo hubiera sido para pasar un buen cargo y no como ahora para tragar diario cinco soles de hambre. Así está la vida, jodida. Esta vida, carajo, jode, jode al estómago y esta espalda ya no puede con la carga (86–7).

El sentimiento de nostalgia y de añoranza nos lleva a uno de los aspectos de más trascendencia en los relatos orales de los dos testigos: el sufrimiento. La reiteración del tema en los relatos de Gregorio y Asunta apunta a la intensidad y profundidad de sus sentimientos. La expresión de su sufrimiento es el motivo que impulsa su relato. Asunta explica:

> Desde el día que me junté a este hombre para mí todo era llorar y sufrir, como si hubiera sido una hija natural negada, vivía con mi cruz que era mi propio marido (114).

Asunta compara su soledad con la de un "calvario": su manera de experimentar la vida es a través del sufrimiento. Conviene aclarar que este sufrimiento se hace más agudo aún con las recurrentes referencias a la proximidad de la muerte. Para Gregorio, los cargadores viejos como él, "siempre morimos andando, con las manos extendidas" y sugiere que quizás algo semejante le suceda a él. Asunta elabora la noción del cuerpo en preparación a la llegada de la muerte. Al mencionar que sus piernas le imposibilitan el caminar, Asunta agrega:

> Seguro que mi espíritu alma ya empezó a caminar, porque faltando ocho años para morir, nuestras almas empiezan a caminar recogiendo la huella de nuestros pies, de todos los lugares por donde hemos caminado en vida (127).

Importa aclarar que el sufrimiento no se encuentra limitado a los dos narradores. Abarca la vida de todos los otros indígenas migrantes en condiciones semejantes a las suyas. Gregorio dice: "Estos sufrimientos también pasan los paisanos pobres en el pueblo" (25) y que, "esa es la vida del chacarero-*runa*; si no tienes hartos familiares, sufres y tienes que estar haciendo *ayni* o *mink'a*" (25). Para Asunta, "estos sufrimientos también pasan los paisanos pobres en el pueblo" (111). No dejan de resultar interesantes las imágenes que Gregorio utiliza para expresar sus sentimientos negativos ante la indiferencia de una sociedad que no sólo permite la orfandad de sus ciudadanos, sino que contribuye a ella: Las "señoras ricas, bien vestidas" son "las más regateadoras" (89).

La intensidad del sufrimiento en los relatos orales llega acompañada de una cierta nota de fatalismo: "Así es la justicia, que no tiene ojos para los mistis" (45), dice Gregorio. A nuestro parecer el fatalismo en la palabra de los hablantes es un fatalismo calificado porque no se elimina la irrevocabilidad determinista de causas únicas y sobrenaturales que generalmente acompañan al pensamiento fatalista. En los relatos de ambos, y en los comentarios de los transcriptores, el sufrimiento es el resultado de las acciones de una sociedad indiferente al dolor de seres marginados como Gregorio y Asunta. Gregorio, por ejemplo, está consciente del pasar del tiempo y del papel que éste desempeña en la intensificación de su vida precaria: "Ahora, recordando, digo que hay más sufrimiento que antes. Esta vida ya no es para aguantar. Esta vida está más pesada" (10). Que el elemento fatalista en el discurso oral no sea un componente que esté relegado a una posición secundaria se vislumbra en las notas de protesta que acompañan las descripciones del sufrimiento, las cuales podrían ser un indicio de su deseo de querer alterar las duras condiciones de su existencia. Aunque Gregorio no describe con mucha minuciosidad las barriadas populares, por ejemplo, hay momentos en que protesta por la condición en que se encuentran: "estas casas de Pueblos Jóvenes, no estarían como se ven, como casas de condenados" (23). Cuando se refiere a la dura condición de los cargadores critica a una sociedad indiferente a su padecimiento y a la de otros en situaciones semejantes a las suyas. La crítica más dura de Gregorio se orienta a las condiciones laborales en que se encuentran los cargadores. "Por eso los cargadores siempre morimos andando, con las manos extendidas" (92) y, "Así estamos nosotros los cargadores, en las calles y mercados, arrastrando nuestros harapos como condenados. Estos harapos se pueden remendar todavía, pero el hambre de nuestro estómago, no se puede remendar. Así estamos los cargadores, viejos y jóvenes" (93). Reclama Gregorio, por consiguiente, la formación de un sindicato de cargadores que los pueda proteger:

> Para no ver esta vida de cargador, yo, como viejo, quisiera que todos los cargadores que vivimos aquí en Cusco, viejos y jóvenes, nos juntásemos en un sindicato. Así haríamos una sola fuerza, con una sola voz. A ver si así se abren los ojos de la justicia hacia nosotros y viéndonos nos ayuden en algo y ya no moriríamos como perros, en las calles, arrastrando nuestros harapos tras la carga (92).

Asunta adopta una postura semejante a la de Gregorio cuando los guardias, a quien ella cataloga de "perros municipales" le rompieron una olla y varios platos que utilizaba para el comercio de comidas. Su rebeldía se manifiesta en los enunciados orientados a los guardias y que ella repetirá luego a los entrevistadores: "Que Dios me perdone, en ese rato, con la sangre hirviendo de puro odio, quería matar a ese municipal" (124).

La figura que mejor simboliza el tema del sufrimiento de los narradores y a la que más se recurre en los comentarios de los entrevistadores y en la de los relatos orales es la del "huérfano". Zuidema escribe que la condición de huérfano del cargador "le persigue por toda la vida y él lo comenta cuando describe sus momentos difíciles" (I), pero que es precisamente este "punto de vista del huérfano" de su relato el que le da "un valor único" (II). Por su parte, el marido de Asunta señala su orfandad cuando menciona que salió de su pueblo porque, no tenía padre ni madre, era, "totalmente pobre y huérfano" (1). Asunta no incorpora directamente el tema de la orfandad pero le transfiere este significado a la inevitabilidad del pasar del tiempo:

> Aunque todos los hombres, desde la simple polilla diminuta, hasta el feroz *puma awki* de las montañas o hasta el árbol más grande o la insignificante yerba que se arrastra por el suelo, todos, desde los tiempos de nuestros abuelos, sólo somos pasajeros en esta vida (111).

Cornejo Polar señala que la experiencia de vivir en la marginalidad es responsable de que Gregorio repita "la condición primaria del huérfano solitario"; Gregorio es, para el crítico peruano, "un sujeto vulnerable y solitario" (*Escribir* 225).

A nivel de lenguaje, el énfasis en el tema del sufrimiento se manifiesta en la presencia de vocablos que conllevan imágenes de violencia, en especial en el de la campesina. Predominan en el relato de la compañera del cargador, metáforas y símiles como representaciones de las nociones del pecado y de la muerte vinculadas, aunque muy indirectamente, al dogma cristiano. Asunta menciona también que cuando consume alcohol, su cuerpo "se pone como de una muerta, es como si yo fuera piedra amontonada" (120). Las expresiones de nostalgia, el uso repetitivo de imágenes de violencia, el énfasis en la pobreza actual, las muchas referencias a la "orfandad" de los narradores y las constantes referencias a la proximidad de la muerte, dan énfasis al sentimiento de sufrimiento que acompaña a los narradores.

Por otro lado, los comentarios de los antropólgos sugieren que tanto Gregorio como Asunta son figuras representativas del sufrimiento de otras personas en situaciones similares. Ante los ojos de los profesionales, Gregorio y Asunta simbolizan a todo indígena migrante, explotado y sufrido, establecido en una barriada urbana. Por consiguiente, la palabra oral de ambos ocupa en el documento sociológico un paradigma ejemplarizante con el fin de establecer "la verdad" de los acontecimientos, de divulgar la injusticia, y de concientizar al lector que tenga el poder sociopolítico para poder cambiar esta situación; Gregorio y Asunta vendrían a representar a *todos* los inmigrantes en condición de "orfandad".

Aunque el motivo que impulsa a los científicos sociales al estudio de las vidas de Gregorio Condori Mamani y Asunta Quispe Huamán es aleccionador, es importante recordar, sin embargo, lo que señalamos al inicio de nuestro estudio y del presente capítulo. Los relatos orales de ambos narradores desbordan los parámetros establecidos por las ciencias sociales. Como hemos visto, los relatos sí representan una cierta realidad, contenida especialmente en el texto realista, pero al mismo tiempo son mucho más ricos, más complejos, abarcan mucho más. Es precisamente la intensidad que acompaña los temas del sufrimiento y de la orfandad la que nos da una pauta del verdadero significado de los textos populares y la que nos alerta acerca de la autoridad del discurso científico. Su presencia en los testimonios orales corresponde a lo que nosotros venimos denominando la poética del sufrimiento. Solamente bajo la observación de los antropólogos y bajo la autoridad de su palabra, los testigos nos pueden revelar sus verdaderos sentimientos.

A manera de conclusión, entonces, la totalidad del objeto artístico popular contenido en cada una de las palabras de Gregorio Condori Mamani y de Asunta Quispe Huamán es mucho más compleja que sus partes individuales. De ahí que concluyamos que su presencia está más íntimamente vinculada a la construcción de los discursos mismos y menos a provocar sentimientos de simpatía en el lector, o a remediar una situación injusta, como sugieren los autores del estudio. En nombre de la veracidad supuestamente contenida en ambos relatos no debemos olvidar que uno de los aspectos centrales de los testimonios de ambos narradores es la ambigüedad de sus enunciados, como resultado de la heterogeneidad que los domina. Siguiendo los paradigmas de los otros testimonios incorporados en nuestro análisis, los relatos orales de Gregorio y de Asunta sostienen una multiplicidad de significados; ninguno de ellos se relaciona directamente con lo que los autores de la obra entienden como la *realidad* del inmigrante cusqueño.

V

Habla la ciudad. 1986.

"Yo soy Huayucachi"

Aura ya no bailo, antes pe trillay huaylars bailando, bailariña de di todo bailando pe, con conjontos di Hoayocachis, Hoancayu, di eso nomás, otros logares no, no sé qué conjontos ya mi olvidao. Dispués, me primo ingañando, viniendo a bailar a Lima, mi traye diciendo que todo vas tener en Lima diciendo, to vas a ser artista, allá aura vas bailar me ingaña, con joven me paisano también hemos venido y alojado en San Pablo, así. Todos bailarinas y bailarines hombres también alojando en San Pablo. Todos pe de Hoayucachi que himos bailado en joestas allá, que himos ganao en otros barríos, barríos contra barríos, tempos que ya sabimos bailar y intrinao ya estamos in Lima. Yo conocido pe maistro Zinobio Dagha, aborido, bien aborido era: no entra ese que no sabe bailar, sólo que sabe bailar nomás que entre dicía, pero challao, bonito mosica tocaba pe, así animando, animando hemos bailado en todos logares de joestas todo, por iso ya hasta Lima hemos venido y acá no ganamos nada, sólo para comida nomás alcanzando propinas, cuarto también cobrando.

Testimonio de Fortunata Mayaupoma Vílchez (123).[54]

---

[54] Un breve resumen de este capítulo ha sido publicado bajo el título de, "Habla la ciudad: *Poética de la migración*", en la *Revista Chilena de Literatura* (Santiago de Chile: 42, agosto 1993): 19–24.

La Universidad Nacional Mayor de San Marcos y la Municipalidad de Lima Metropolitana publican en Lima, en diciembre de 1986, un texto compuesto de treintiún relatos callejeros con el nombre de *Habla la ciudad*.[55] Que un proyecto semejante hubiera sido apoyado por la Municipalidad de Lima podría ser entendido en el contexto de la política de gobierno de Alan García (1985-90) y en los avances que Izquierda Unida había logrado, hasta ese entonces, entre los sectores más pobres de la población. Recordemos que los diferentes partidos de izquierda, con excepción de *Sendero Luminoso*, ya habían formado, en setiembre de 1980, un solo partido: Izquierda Unida. La publicación de *Habla la ciudad* corresponde a este clima de apertura que se empezaba a percibir a mediados de los '80. Tal como se pudo comprobar después la unidad que se esperaba sólo llegó a lograrse parcialmente y los pequeños cambios efectuados se debieron más a razones políticas que a un interés genuino en beneficio de las poblaciones marginadas. Recordemos que cuando Alan García llegó al poder con el APRA, en 1985, los programas que establece entre los sectores pobres, especialmente en barriadas de Lima, los lleva a cabo con el propósito de ampliar su sector de poder y de minimizar la importancia de los logros alcanzados entre ellos por los partidos de izquierda en las décadas de los setenta y los ochenta. Uno de ellos, y tal vez el de mayor visibilidad, fue el Programa de Apoyo de Ingreso Temporal (PAIT), cuyo objetivo era el de proporcionar trabajo temporal a los desocupados. Los otros dos programas, de menor importancia que el primero, aunque con cierta visibilidad en las barriadas, fueron El Programa de Apoyo Directo (PAD), orientado mayormente al sector femenino y el Instituto de Desarrollo del Sector Informal (IDESI). Este último facilitaba créditos a los informales en la creación de pequeños negocios. Aunque a corto plazo estos programas sí

---

[55] Se hace necesario hacer hincapié en la dificultad para adquirir el texto *Habla la ciudad* y, por consiguiente, al poco conocimiento que de esta obra se tiene tanto dentro como fuera del Perú. Dicho impedimento se debe al corto tiraje que se hizo del libro y a su ausencia en las librerías y bibliotecas públicas. Para conseguir un ejemplar tuvimos que acercarnos, en repetidas ocasiones, a las oficinas de la Municipalidad de Lima Metropolitana.

ayudaron a lograr los objetivos de García, la configuración de su visibilidad en sectores marginados, a largo plazo, no dieron los resultados deseados. Constantemente atacados por la izquierda y cortos de fondos, terminaron por perder su significado entre aquéllos que supuestamente buscaron proteger.

Que los programas hubieran concluido por no lograr su objetivo no significa, sin embargo, que el gobierno de García no haya sido percibido por ciertos sectores como un gobierno interesado en mejorar la condición económica de los segmentos de la población sumergida en la pobreza. Por otro lado, Izquierda Unida tampoco obtuvo el éxito que esperaba entre los segmentos pobres de la población, si por tal entendemos el establecimiento de programas genuinamente concebidos con el deseo de mejorar la condición socioeconómica de estos pobladores. Tal como señala Gorriti en su Prefacio, el problema de la Izquierda durante este período fue que ésta ingresaba exitosamente al sistema político: "Y al entrar a formar parte de él, empezaba a tener un interés creado en su estabilidad y una responsabilidad práctica en la solución de sus problemas cotidianos" (32). Tanto la presencia de los programas apristas como la presencia de Izquierda Unida en la política dieron a la década de los '80 un barniz de liberalismo: *Habla la ciudad* y el patrocinio de la Municipalidad de Lima es su reflejo.

Al igual que los testimonios anteriores, la distinción particular de *Habla la ciudad* radica en la representación de un "yo" colectivo, oral y popular. Este "yo" no sólo domina la obra en su totalidad, sino que desde la prominencia de su posición discursiva, confronta los documentos hegemónicos vinculados al castellano oficial. Asimismo, *Habla la ciudad* comparte temáticamente los mismos elementos que los otros testimonios: la partida de muchos de sus narradores de sus pueblos de origen y su llegada y establecimiento en Lima; la descripción, casi siempre nostálgica, de sus pueblos de origen; comparación y contraste entre los lugares de origen dejados atrás y los urbanos. A nivel discursivo, los relatos que forman parte de *Habla la ciudad* revelan una nueva poética del lenguaje limeño callejero, basada en códigos discursivos provenientes esencialmente de la oralidad. El objetivo de este capítulo es demostrar que los relatos orales de *Habla la ciudad* comparten los elementos básicos de los otros testimonios incorporados en nuestro trabajo pero que también se distinguen porque ejemplifican múltiples variedades de un discurso callejero cuya característica central radica en la oralidad de sus enunciados.

En la introducción al trabajo encontramos los nombres de los once encargados del proyecto, todos miembros del "Taller de Testimonio" de la Escuela de Literatura de la Universidad Nacional Mayor de San Marcos. Aunque la colección, transcripción y difusión de los relatos no han sido llevadas a cabo por un equipo de especialistas en ciencias sino por especialistas en literatura, la forma del texto, sin embargo, ha asimilado modelos de los documentos científicos. En la portada se encuentra una fotografía, supuestamente de uno de los narradores orales en un espacio público rodeado de sus "escuchadores". Como parte de la fotografía se perciben en el trasfondo unos edificios y unos portales que nos hacen pensar en la posibilidad de que sea la plaza San Martín. Asimismo, en la penúltima sección del texto, se encuentra una sección titulada "Informantes": término proveniente del léxico de las ciencias sociales. En esta sección encontramos una lista de los nombres de los narradores de los relatos orales. Todos éstos son residentes de Lima. En la última sección del libro, "Contenido", los relatos orales han sido nombrados por los miembros del Taller con una frase proveniente de los relatos mismos, y distribuidos en cuatro secciones. Es necesario anotar, sin embargo, que aunque la forma del texto proviene de la documentación científica, *Habla la ciudad* es una amalgama de las dos disciplinas. En el resumen de la última página leemos que el trabajo ha sido hecho con "afán científico y artística mesura"; la "Presentación" al inicio del estudio señala haber sido realizada "con oído y mirada literarios, atentos al contenido, pero también al deslizamiento, a la música, al dibujo de las palabras" (7).

Todos los narradores son residentes de Lima; en algunos casos son oriundos de la capital peruana. Pero en su gran mayoría son migrantes de las provincias del litoral peruano y residentes en las múltiples barriadas. Importa recordar que la falta de éxito de las invasiones de los latifundios impulsaron al migrante a invadir otras tierras, esta vez cerca de las ciudades donde esperaban hallar oportunidades laborales y de vivienda. La falta de vivienda en Lima y la carestía de las necesidades más básicas les imposibilitó ubicar alojamiento, por lo que se vieron forzados a buscar otros medios de vivienda. La respuesta a sus problemas de vivienda la encontraron generalmente en las barriadas, hoy llamadas "urbanizaciones populares". Esto hizo que el número de habitantes de la ciudad de Lima creciera de una manera exhorbitante en las últimas décadas. Basadre señala, por ejemplo, que en 1836 la cifra de habitantes en Lima era de 54,628 (258).[56] Según Matos Mar, en 1984 Lima Metropolitana avanzaba hacia los 6'000,000: población distribuida en 47 distritos y dos provincias: Lima y Callao (*Desborde* 71). La expansión urbana en la ciudad de Lima conecta tres valles costeros: Rímac, Chillón y Lurín. Su población, según su extracción social y económica, se encuentra polarizada. Cerca del 80% vive en asentamientos humanos populares y el 20% restante se concentra en barrios residenciales de los sectores medios y opulentos. Del 80% de la población considerada como sectores populares, casi el 37% radica en barriadas (encuesta IEP), un 23% en urbanizaciones populares (Censo 1981) y un 20% en tugurios, callejones y corralones (Plandemet 1980). Lo que significa que las barriadas en los ámbitos urbanos constitu-

---

[56] Según Basadre, la distribución del empadronamiento hecho en 1836, ofreció la siguiente cifra:

Clases	Total
Españoles (o blancos)	19,593
Eclesiásticos y religiosos	825
Indígenas	5,292
Castas intermedias	24,121
Esclavos	4,797
Total	54,628 (258)

El censo que se realizara en las postrimerías del régimen colonial señaló un total de 64,000 habitantes. En 1842 la población de Lima fue calculada en 53,000 habitantes (258).

tuyen el asentamiento más grande de los sectores populares.

Matos Mar señala, asimismo, que en los últimos 28 años, período que va de 1956 a 1984, el aumento de la población en la capital peruana ha sido extraordinario. En 1956, en que Matos Mar realiza el primer censo general con sus alumnos de la Universidad Nacional Mayor de San Marcos, se registró un total de 56 pueblos jóvenes que concentraban 119,886 habitantes, 9.5% del total de la población de Lima Metropolitana, estimada en ese entonces en 1'260,729 habitantes. Prácticamente se duplicó a 316,829 habitantes en 1961 (17.2%). En 1972 lograron concentrar 805,117 habitantes (24.4%). El último censo de 1981 dio un total de 408 pueblos jóvenes que albergaban a 4'460,471 habitantes (32.5%). A fines de 1983, el antropólogo peruano, con su equipo del Instituto de Estudios Peruanos, lleva a cabo una encuesta entre los primeros dirigentes y pobladores de las barriadas de Lima. El estudio revela que el número de pueblos jóvenes había llegado a 598, con 2'184,000 habitantes que constituían el 36.4% de la población total de Lima Metropolitana. Matos Mar concluye que en menos de treinta años la barriada, antes inexistente, "se ha convertido en el personaje principal de una Lima transformada" (72). Concluye que en los últimos 44 años, entre 1940 y 1984, Lima ha aumentado su población en casi diez veces. En efecto, según el censo de 1940 Lima albergaba 645,172 habitantes; 21 años después (Censo 1961) la cifra se había triplicado con 1'652,000 habitantes; según el censo, en 1972 llegó a quintuplicarse con 3'302,523, para luego alcanzar, en 1981 (Censo), un volumen siete veces mayor, 4'492,260 y avanzar en 1984 hacia los seis millones, igualando casi la población que tuvo el Perú todo en 1940. Este tremendo salto demográfico constituye uno de los mayores cambios en el proceso peruano. La geografía física y humana de la capital ha sufrido una seria alteración, marcando el gran cambio del país de rural que era en 1940 (65%) a urbano (65%) (*Desborde* 72).

Añade Matos Mar que la capital peruana absorbe una de las más altas proporciones de los migrantes del país. En el censo nacional de 1981, el 41% de su población, que representa en términos absolutos a 1'901,697 habitantes, era migrante; de éstos el 54% provenía de la Sierra. De la población inmigrante que afluyó de los 24 departamentos del país, correspondía la más alta proporción a Ancash (10.6%), Ayacucho (8.38%), Junín (8.11%) y la más baja a Madre de Dios con 0.13%. Concluye Matos Mar que más del 10% de estos inmigrantes provienen de las otras provincias del departamento de Lima, especialmente de distritos de la Sierra. En 1984, la capital del Perú es una ciudad de "forasteros": "las multitudes de origen provinciano, desbordadas en el espacio urbano, determinan profundas alteraciones en el estilo de vida de la capital y dan un nuevo rostro a la ciudad" (*Desborde* 73).

Béjar se refiere al fenómeno de las barriadas marginales como una de las características centrales de la realidad social de las últimas décadas en la capital del Perú. En 1955 se encontraban en Lima 39 barriadas; con una población de 119,140 habitantes consistían el 10% del total. En 1965, la cuarta parte de la población de la capital reside en barriadas marginales, o sea medio millón de personas (33). Matos Mar señala que en 1977 probablemente alrededor de la cuarta parte de la población total del Perú residía en este tipo de asentamientos (*Las barriadas* 15). En la actualidad, el porcentaje de la población que se instala en las barriadas, sigue creciendo aceleradamente. En 1990 la población en barriadas superó los 2'270,000 habitantes, o sea el 27% de la población total de Lima Metropolitana.

Las urbanizaciones populares actuales han cambiado bastante desde el momento en que se inició la primera, San Cosme, en 1946. Matos Mar describe el proceso de transformación en los siguientes términos:

> Ahora es un barrio "no oficial", es decir una agrupación social organizada más o menos espontáneamente cuyo fin es obtener una vivienda para sus moradores y que se desarrolla al margen de las disposiciones vigentes, a mayor extensión y ritmo que las urbanizaciones ceñidas a los dispositivos legales. Sólo en su etapa inicial son barriadas o 'pueblos jóvenes', como ahora se les denomina, período cada vez de menor duración. Después es

el *barrio popular* no legal, asimilado a un distrito ya existente. Finalmente, constituyen un distrito integrado exclusivamente por "ex-barriadas", con lo que reciben reconocimiento y beneficios del sistema político-administrativo (*Las barriadas* 16).

Matos Mar apunta que los migrantes, hartos de la estrechez de la provincia buscan la oportunidad de un porvenir mejor en Lima (*Desborde* 73). Béjar se refiere a tres factores que vienen contribuyendo a la migración de campesinos a la capital: la atracción que la capital ejerce sobre el resto del país por ser el centro urbano más desarrollado; la falsa creencia, aunque muy divulgada, de que en los centros urbanos hay oportunidades de trabajo, y que las condiciones de vida cada vez más árduas y difíciles se dan en el interior del país. Según Béjar, en Lima se encuentra el 70% de las fábricas, la mitad de los obreros, y cerca de las dos terceras partes de los cuadros profesionales (19). Matos Mar señala las razones en dos niveles, tanto nacionales como locales, que podrían responder al fenómeno de la migración de las urbes peruanas. Sobre los de nivel nacional apunta:

> el desarrollo desigual del país, el rápido crecimiento vegetativo de la población, los cambios ocurridos en la estructura económica capitalista dependiente, la crisis del sector agrario, los bajos niveles de vida de la mayor parte de la población y las migraciones masivas, estimuladas por el acelerado desarrollo de la comunicación y de la educación como transmisores de una ideología pautada por valores urbanos (*Las barriadas* 18).

Como factores de orden local incluye:

> las limitaciones propias del desarrollo urbano de Lima, alto costo de las tierras urbanas debido a su monopolio, el déficit creciente de viviendas de alquiler y las dificultades permanentes de los sectores populares y medios para conseguirlas, situación agravada por los terremotos, la conversión del núcleo central de la ciudad en zona exclusivamente comercial, el deterioro de los barrios tradicionales y la incapacidad de la estructura productiva, concentrada en la capital, para absorber mano de obra (*Las barriadas* 18).

Las altas proporciones de migrantes en Lima responden a los extraordinarios cambios del castellano que se vienen llevando a cabo en las últimas décadas. En un estudio de Biondi y Zapata, titulado, *Representación oral en las calles de Lima* (1994), sus autores señalan que en la actualidad, en las calles y plazas de Lima, no hay espacios de representación que no estén vinculados a la "oralidad viviente" de la palabra oral.[57] Según los lingüistas la oralidad en los espacios públicos no sólo es un instrumento de comunicación, sino también, de conocimiento, de reconocimiento y de identidad para muchas personas (9); también es la norma y no una desviación (13). La "oralidad viviente" de los espacios públicos no sólo contrasta con el silencio de la escritura y la palabra oficial sino que confronta el rechazo por el que ha estado sometida por tanto tiempo:

> Porque empezamos a sospechar que buena parte de nuestros ejercicios de interpretación están basados en instrumentos concebidos desde una escribalidad complexiva que ha considerado como inexistente todo lo que no sea la palabra escrita (24–5).

Buscan estudiar la palabra oral y compenetrarse en sus diferentes componentes lingüísticos, razones por las cuales recopilan testimonios de oradores situados en lugares públicos limeños. De ahí que insistan en la "filiación lingüística" del quehacer científico (24).

Dos aspectos de los relatos orales de las calles limeñas en particular, llaman la atención de los responsables del estudio. Destacan el aspecto capitalista de los relatos. Mencionan que los treintiún oradores son *vendedores* de la palabra –aunque algunos son mejores negociantes que otros. Con esto en mente, distinguen a tres de los narradores por considerarlos más diestros que los otros en el comercio de la instancia oral, en el tráfico público de la palabra: "el poeta de la calle", "el padre de los niños genios" y "el cómico ambulante" (30). El otro aspecto radica en el estado de concientización en que se encuentran los discursos públicos. En el fragmento, "El poder de la palabra (o 'cómo se debe pedir la mano')" el narrador le pregunta a uno de los espectadores, "¿Dime hermano cuál es la mejor arma del hombre?

---

[57] Víctor Vich presentó un estudio de la oralidad en los relatos de cómicos ambulantes limeños: "Cultura popular y condición migrante: los cómicos ambulantes y el mercado informal peruano". Jornadas Andinas de Literatura Latinoamericana. Cusco, 1999.

Al no recibir respuesta el narrador responde, *"Es la pala-bra"* (131. El énfasis es nuestro).

El relato de Fortunata Mayaupoma Vílchez, "Yo soy Huayucachi" (123) refleja la seguridad de la palabra oral enunciada en los lugares públicos limeños. Su confianza se refleja en la máscara poética de su discurso. De ahí la presencia dominante de *tropos* literarios como la aliteración. Con el juego verbal de la repetición y la alternancia del mismo sonido, inicia su testimonio, ua/oa/ui y au/ao: "Hua-yucachi", "huaylars" y "Hoayocachis", "Hoancayu", "Huis-chungos". En este testimonio se refleja con suficiente evi-dencia la interacción entre el castellano y los idiomas ame-rindios, "Aura ya no bailo, antes pe trillay huaylars bai-lando bailariña de di todo bailando pe" (123), o, "sombriro también no sé cuánto cuestando" (123). Incorpora también Mayaupoma Vílchez aspectos de la estructura fonética del lenguaje quechua en el castellano, "e no quere qui lligar darde nuche, por qué lligas nuche dice e no quiri abrir ya la puirta" (123). Por último, habría que mencionar que el discurso callejero no trasluce una timidez por el uso "equi-vocado" del castellano urbano, sino que, por el contrario, de sus enunciados emana una seguridad enunciativa, una confianza basada en la formulación de un lenguaje seguro de sí mismo y de su capacidad de representación.

Zevallos-Aguilar nos llama la atención sobre la pro-ducción de este texto como el deseo de deconstruir el género testimonial demistificando la ideología literaria que lo posi-bilitó. Considera que en la producción de la obra:

> ... se encuentran esfuerzos de criticar las bases conceptuales e ideológicas del testimonio-clásico y se plantea un proyecto ideo-lógico estético que se convierte en un epitafio o una acta de de-función de un primer ciclo del testimonio en América Latina (31).

Interesante resulta, sin embargo, que aunque siendo los encargados del estudio especialistas en literatura, se apro-ximen a la tarea de recolección de relatos utilizando ins-trumentos provenientes de las ciencias sociales, lo que nos lleva a deducir que el querer dar a los discursos callejeros

una apariencia científica responde al deseo de los intérpre-
tes de querer brindar a los relatos callejeros un barniz de
autoridad semejante al que emana de los documentos de las
ciencias sociales. A los autores de los relatos, por ejemplo, se
les clasifica de Informantes. El método de recolección de los
relatos es a través de la entrevista. Y, casi al final del texto,
se encuentra una lista de los narradores acompañados de
su fecha de nacimiento entre paréntesis y el nombre de los
tres transcriptores, Juan Luis Dammert, Antonio Ureta y
Luis Monroe. En la última sección titulada, "Contenido", cada uno de los fragmentos ha sido clasificado y catalogado
bajo cinco secciones; los títulos provienen directamente de
los fragmentos. Bajo el título de Informantes (173) encontramos la enumeración de los treintiún relatos con los
nombres y ciertos datos de los narradores, el lugar donde se
llevó a cabo la entrevista, y los nombres e iniciales de las
personas encargadas de la transcripción. Véase el ejemplo
de la primera Informante: "1. Honorata Zárate viuda de
García (Jauja, 1907). Entrevista hecha en la Quinta Siglo
XX, Jr. Washington. Transcripción de Juan Zevallos" (172).

Algunos de los relatos son introducidos con puntos
suspensivos los cuales evidencian la decisión por parte de
los transcriptores de no incorporar ciertas secciones de los
relatos, "... cuatro muertos, un ciego" (129). El relato, "Tengo una biblioteca en la cabeza" empieza de la siguiente manera:

> "- ¡
> - ¿A mi madre? ¿Cómo la voy a sacar a mi madre de ahí
>   de esa cajita?
> - ¡No, a la madre del animalito! ¡Animal! (135).

Los signos de puntuación –los puntos suspensivos, los
de exclamación y los espacios en blanco de los testimonios–
confirman no sólo la presencia del entrevistador sino también el esfuerzo de parte de los recolectores de mantener
vivo el aspecto literario de los discursos callejeros. La puntuación revela la espontaneidad, sutileza y multiplicidad de
los discursos callejeros. La presencia del científico social se
manifiesta también en otros aspectos del libro, como en las

fotografías de antiguos edificios limeños –en lamentable estado de deterioro– que acompañan los relatos.

Uno de los rasgos discursivos esenciales de los relatos orales se basa en la *heterogeneidad* de sus signos, la cual se encuentra en las huellas de textos historiográficos y sociológicos contenidos en los relatos mismos, o en los que los acompañan. Los fragmentos de la historiografía peruana cubren desde los años '20 hasta el presente. En términos más concretos, empiezan con la presidencia de Augusto B. Leguía y llegan hasta la de Alan García. El texto sociológico se vislumbra en las referencias a los movimientos migratorios, los cuales informa sobre la mayoría de los relatos.

Como se puede vislumbrar por la lista de los Informantes la transcripción de sus relatos a la página escrita presenta, a primera vista, ciertas contradicciones. La diferencia de los vocablos que señalan el método de recopilación de los relatos varía sin que se pueda hallar en la obra ninguna anotación que nos explique las diferencias de los varios términos utilizados. En un relato se menciona que ha sido el producto de una "conversación", en otro, el de una "entrevista", en un tercero el de un "testimonio", en otro el de una "narración", en otro el de un "discurso", en tanto que en otros las narraciones no conllevan ningún tipo de clasificación que las identifique. Algo semejante ocurre con el uso del participio pasado del verbo "recoger". Se señala que algunos de los relatos han sido "recogidos", pero no se menciona el método utilizado en la recolección del material. Una vez más, no hay nada en el texto que nos lo indique. La misma analogía se puede añadir respecto a la presencia del profesional en el contexto mismo de los relatos. La presencia de la voz profesional varía. En algunos relatos, ésta esconde su voz detrás de los enunciados de los hablantes. En otros momentos, su voz adopta el punto de vista de un narrador omnisciente y, en otros, la de un observador distante, aunque no totalmente alejado del objeto del relato. En algunos testimonios, su presencia es obvia y aparente como cuando incorpora las preguntas hechas al interlocutor como parte del segmento narrativo, "[¿Ahora ha aprendido a sacar la voz o a jugar con el compás?]" (29) mientras que en otros se caracteriza por su ausencia. En todos estos casos, pues, el entrevistador mediador del lenguaje es también partícipe de la representación de los enunciados, aspecto que problematiza la identidad de los relatos. Aún cuando la voz del entrevistador no participa directamente de la representación gráfica de los relatos su presencia se percibe en la reproducción gráfica de los mismos.

Habría que señalar que es el énfasis en la oralidad de la nueva palabra limeña el que proporciona el título a la obra, *Habla la ciudad*. El lenguaje de los relatos orales es de tono conversacional; es también familiar en el trato. Aunque en ciertos relatos el hablante utiliza el "Usted" en su intercambio con el entrevistador, prevalece el "tú" entre ambos, "Si te cuento todas no te va a alcanzar tu casette" le dice el "rockero" a su oyente. Pero no todos los relatos provienen de un diálogo directo entre el narrador y los estudiantes de San Marcos. En ciertas ocasiones el entrevistador recoge los testimonios de relatos orientados no directamente a él sino a un público más amplio, como cuando los vendedores ambulantes tratan de vender sus mercancías a los transeúntes. Estos relatos se llevan a cabo en las plazas centrales de Lima donde tiende a aglomerarse una gran cantidad de público. Un caso concreto lo encontramos con el hablador del relato número 21, titulado "El poder de la palabra (o 'cómo se debe pedir la mano')".

Habla la ciudad nos remonta a la épica clásica del Siglo de Oro. Por épica culta se entiende un poema narrativo, extenso, de elevado estilo, acción grande y pública, personajes heroicos o de suma importancia en el cual interviene lo sobrenatural o maravilloso. El protagonista es un héroe que personifica valores nacionales, ideales culturales o religiosos y de cuyas acciones depende, hasta cierto punto, el destino de su gente. La épica, a diferencia de la tragedia, retrata el triunfo final del héroe. Se piensa que la épica culta derivó originalmente de la *Eneida* de Virgilio, en la Edad Media, en cuanto a los temas y la forma. Esta continuó durante el Renacimiento, con el estudio del *Arte poética* de Horacio y de la *Poética* de Aristóteles. Se consideraba a la épica como la más elevada forma literaria. La épica

culta española se conecta en el Siglo de Oro con nombres
como Ariosto, Tasso y Milton; la española con Ercilla, Hoje-
da, Balbuena y Lope de Vega.[58]

Habla la ciudad subvierte el núcleo, el centro de la
épica culta.[59] En primer lugar, subvierte la escritura por la
oralidad. Es ésta una oralidad callejera, popular, violenta,
irreverente; sus discursos son excesivos, espontáneos, exa-
gerados. La mesura en la forma y en los enunciados discursivos se convierte en la desmesura. El héroe de la épica
culta, el "él" en quien el poeta del Siglo de Oro personifica
valores nacionales se transforma, en los testimonios orales,
en un héroe irreverente ante las abstracciones repre-
sentadas en los conceptos de "nación", "religión", "cultura".
El *yo* del testimonio peruano es un *yo* individual pero en el
que se incorpora un *nosotros*. Cada uno de los narradores
es una parte esencial de una colectividad y es la colectividad, la comunidad de voces en su conjunto, la que deter-
mina la significación del texto. Asimismo, la presencia del
protagonista masculino implica su reverso genérico, es un
yo masculino y femenino. Por otro lado, los grandes actos,
los gestos heroicos del héroe protagonista del primero bri-
llan por su ausencia en el segundo. La cotidianidad, la pobreza, la lucha por la sobrevivencia se convierten en los te-

---

[58] De la épica culta diferían en el Siglo de Oro poemas para ser reci-
tados, como los "cantares de gesta". Estos estaban destinados a la
recitación oral, siendo su propósito narrar a los oyentes sucesos y
hechos heroicos, históricos, legendarios y tradicionales. En otras
palabras, la épica culta difiere de los cantares de gesta en la escritura. La primera se basa en la grafía en tanto que la segunda en
la oralidad.

[59] En un interesante estudio, Ochrymowycz analiza las fórmulas y las
expresiones formulaicas en los "romances juglarescos". Señala que
estas fórmulas adquieren un significado especial con la repetición
y con la extensión de su uso. Por otro lado, la función del poeta no
es la simple repetición de las fórmulas sino la de brindarles a éstas
significaciones especiales: "the singer does not merely repeat tra-
ditional passages in the telling of his tale; rather, he strives after
unity and order in their arrangement" (18). Concluye que las fórmulas de los romances no son estáticas sino que representan diferentes matices de significaciones dependiendo del contexto en que
son utilizadas.

mas magnos. La ironía y el sarcasmo determinan el tono. La totalidad de la noción temporal que abarca la épica clásica se convierte en la oralidad en un tiempo caracterizado por la fragmentación y por la inmediatez; los espacios abiertos son ahora cerrados, realzando la experiencia inmediata de los hablantes.

El testimonio peruano subvierte también los valores oficiales de la *nación* peruana. Las nociones de una sola historia se transforman en múltiples historias. El concepto de *patria* "única" se convierte en las múltiples patrias de donde proviene cada uno de los narradores. La religión, "única y verdadera" del catolicismo oficial, se disuelve en la ausencia de su representación en los discursos populares. La noción de cultura "única", blanca y/o mestiza, occidentalizada, centralista y centralizada, que ha dominado mucho del pensamiento peruano, es relegada a una posición secundaria en tanto va emergiendo un concepto de multiculturalismo con características divergentes de la primera. Se destaca en ésta sus raíces indígenas, la oralidad de sus discursos, sus nociones de tiempo y espacios fragmentados. En suma, a través de un discurso irreverente, creativo, colectivo y oral, *Habla la ciudad* subvierte un estilo poético reconocido en la historia de la literatura peruana como el estilo elevado, eminente y digno *par excelence*.

La *heterogeneidad* del habla de la ciudad se distingue, asimismo, por la re-formulación de sus significados. En tanto que uno de los hablantes re-configura la noción de un "beso", otro re-formula la figura de Francisco Pizarro. Un tercero re-conceptualiza el fenómeno de la jerga peruana conocida con el nombre de "lisuras" (131–4). Asimismo, la representación de los fragmentos asume diferentes estructuras, como la del diálogo, "¿Dime hermano cuál es la mejor arma del hombre?" o, "Tú sabes hay suegros que son verdes ¿o no?" (131), los fragmentos en prosa y, por último, la combinación de la prosa y la poesía como con el segmento sobre el beso.

> Un beso es algo suave
> de un canto, más que canto.

> Es un himno sacrosanto
> que imitar no puede un ave (133).

Sin embargo, sirviéndose como base de este poema tradicional, este discurso colectivo va reconstruyendo su propia identidad, de la que participan tanto la prosa como la poesía:

> Un beso −acércate más por favor−
> es un dulce idioma
> que hablan dos corazones
> que mezclan sus impresiones
> con de las flores su aroma.

la agresividad de sus enunciados: "Ahí le zampas el beso. La jerma te dirá: ay Juancito tú te mereces todo esto, mis tetas, mi culo, mi chucha ..." (133).

Al igual que los otros testimonios domina en estos relatos la presencia del pronombre personal, primera persona singular y plural: *yo / nosotros*. Son los enunciados formulados desde este *yo* colectivo los que controlan los relatos.[60] "He pasado por todo y me he metido en todo, aprendí, enseñé que yo sabía" (21) indica uno de los autores (21), en tanto que otro menciona que, "yo he nacido el año 1913 y he vivido en La Colmena hasta el año 23, el 24" (33). El título de uno de los fragmentos se titula, "Yo era drácula" (43–46), en cuyo contenido aparece, también, la presencia avasalladora del pronombre en primera persona, "Yo tenía, tengo, una enciclopedia", "Yo tengo un valsa", "Yo descubrí que consultar el diccionario era inevitable ..." (43). También está consciente de que su presencia en el coro de voces que

---

60 Molloy señala que para el testigo su discurso autobiográfico es el único medio con el que él cuenta para "reconocer" su existencia, "In a sense, I have already been 'told'--told by the very story I am telling" (5). Para Molloy, la autobiografía es siempre una representación, un recontar, en suma, una construcción narrativa: "Life is always, necessarily, a tale: we tell it to ourselves as subjects, through recollection; we hear it told or we read it when the life is not ours" (5). Molloy señala que el texto autobiográfico no depende de los eventos que narra sino de la articulación de esos eventos almacenados en la memoria y reproducidos a través de la rememorización y la verbalización (5).

compone el nuevo rostro lingüístico de la urbe limeña es nueva. Este *yo* que narra los relatos populares se da cuenta de ser miembro de una colectividad lingüística, de compartir el espacio con otros discursos semejantes al suyo. Prevalecen, por lo tanto, pronombres personales en primera persona del plural. "Esta situación de nosotros es así" (15), apunta uno de los relatores, mientras que otro añade, "Nosotros ignorantes no sabíamos lo que era un avión por eso cuando por primera vez pasó volando por el cielo nos llenamos de miedo" (112), y "Porque así como estamos no vamos a llegar a ninguna parte" (133).

A nivel de lenguaje, *Habla la ciudad* es un *collage* en el que participan "múltiples y distintos discursos que producen los hablantes que viven y se encuentran ... en la ciudad de Lima" (7). La mayoría de los discursos adopta el nombre del hablante, aunque no siempre. El relato uno, por ejemplo, es de Honorata Zárate viuda de García, en tanto que en el siete se menciona simplemente que éste consiste de "testimonios de marmoleros, fabricantes de lápidas frente al cementerio" (55–8). Muchos de ellos llegan acompañados de los nombres de sus lugares de origen, con fechas de nacimiento. El relato de Honorata viene acompañado del nombre de la ciudad de Jauja y del año 1907.

Aunque todos los relatos son narrados en castellano, las bases estructurales del lenguaje radican otra vez en la *heterogeneidad*. Por un lado, percibimos en ellos la participación de la voz del profesional en diálogo con la voz popular, colectiva y oral del autor/a del relato. Por otro lado, son varios los discursos que participan de su formulación: el castellano con los idiomas indígenas, entre los que se destacan el quechua y el aymara. Las lenguas amerindias, sin embargo, sufren transformaciones como resultado de la migración y del prolongado establecimiento de los hablantes en Lima. En los casos en que los relatos han sido narrados en quechua, los especialistas los han traducido al castellano. Por estar éstos mayormente orientados a un público limeño, de clase media, la presencia de los registros de los idiomas maternos de los hablantes es bastante limitada. Esto no significa, sin embargo, la ausencia absoluta de lenguajes indígenas. En el relato titulado, "De Huaraz a Lima el Año 20", notamos claramente la yuxtaposición de la estructura sintáctica indígena al castellano, "Salí, de Huallanca de Huánuco, me fui caminando, solito, yo caminaba, avanzaba, avanzaba, llegaba al puente Bedoya" (67), o:

> Aura ya no bailo, antes pe trillay huaylars bailando, bailariña de di todo bailando pe, con conjondos di Hoayocchis, Hoancayu, di eso nomás, otros logares no, no sé qué conjontos ya mi olvidato (123).

En otros relatos se incorporan directamente citas provenientes del quechua como es el caso del relato de "Juan soldado":

> -Kaypichu kanayki karan ¡hawa patapin! ¡hawa patapin!
> -Kaypichu kanayki karan ¡hawa patapin! (97).

Es también un lenguaje lírico, que adopta, en algunos casos, un contorno poético. Esta forma comprueba los rasgos de espontaneidad y creatividad del lenguaje de los relatos orales:

> A un señor de terno y corbata
> le dije que me regale mis soles,
> ¿sabe qué me dijo el señor?
> "¿Qué cosa? ¿que te regale mis soles?
> Anda roba". Me ha obligado a robar (129).

En la sección 20, titulada, "Omnibus/domingo/sábado de octubre" leemos:

> ... señores apóyenme comprando estos
> ricos caramelos Monterrico
> que lo estamos promocionándolo
> a un precio de simbólicamente
> tres por mil soles
> señores pasajeros
> yo qué muchos de ustedes
> me hayan comprendido
> y me quieran colaborar
> con estos ricos caramelos (129).

Los relatos orales de *Habla la ciudad* varían en extensión. Algunos de ellos ocupan una sola página en tanto que el más largo abarca siete pliegos.

La memoria colectiva que predomina en cada uno de los discursos populares es la que brinda a cada uno de los narradores el impulso que los mueve a la formulación de sus discursos. Predomina en la obra, por lo tanto, la presencia de enunciados vinculados al acto de recordar. "Mis recuerdos más antiguos", "me acuerdo de la Colmena", "me acuerdo [de] la plaza Dos de Mayo" (33), "Me acuerdo de la Alameda de los Descalzos" (35) o, "Recuerdo que limpiaba hasta vidrios de carros" (153), son frases que se repiten constantemente en esta poética de la migración. Uno de los aspectos del proceso recordatorio es el recuento minucioso de las comunidades dejadas atrás:

> Cuando había mucho verano sacábamos la imagen a la puerta de la iglesia y ahí toditos cuando tocaba la campana –había uno que tocaba la campana– en la tarde todos los muchachos íbamos a rezar pidiendo misericordia al señor pa que llueva porque había mucho verano (71).

Los recuerdos contenidos en los relatos orales concuerdan con otro de sus rasgos, ciertos enunciados vinculados a una aparente añoranza de sus pueblos de origen:

> Allá Hoayocachi más tranquilo, no hay ratiros nada, allí mojer hombre lo piga lo agarran, paisanos ahí mismo, coca noche también chacchan toman caña para el valor y agarran sen miedo ... (124).

La nostalgia por sus lugares de origen se manifiesta en imágenes que conllevan dulzura, generosidad "allá sano, mochacha joven tener vergüenza" (124). Por otro lado este sentir se manifiesta también en imágenes confictivas entre el pueblo de origen y la capital, "Uh, aquí, marido mojer ingañan ambos, pigan, cuánto ingañan" (124).

Cuando los hablantes comparan el pasado con sus condiciones actuales su discurso adopta nuevas máscaras. Se hace contradictorio, ambigüo, irónico. Se encuentran, por ejemplo, adverbios de negación que confrontan los enunciados afirmativos, "Yo extraño mi pueblo", exclama Doña Angela en un fragmento titulado "Sobre las costumbres de mi pueblo" (83–94), "allá hay mucho que ver. Todo es natural. Aquí en Lima, no" (94). La misma narradora

menciona que el deseo que la trajo a Lima fue el de estudiar, deseo vano al no recibir la ayuda que necesitaba, "Me
quedé sin estudiar, sin trabajar y a los 25 años me vine a
casar" (83).[61] En el fragmento, "Lo que uno sufre en Lima",
la narradora, Juana Blácido Castro, señala que en la capital, "ahora no hay nada, ya no hay" (71); otro narrador
menciona que, "era bien bonito antes" (75) y lo contrasta
con "lo que se sufre aquí en Lima" (81). Como se puede ver
también la representación de la realidad actual está narra-
da, en algunos de los relatos, a través de un discurso romántico, cargado de una fuerte dosis de emotividad.

Es también el suyo un lenguaje popular, razón por la
cual el testimonio incorpora rasgos de textos populares
como la "oración del tabaco" proveniente de relatos vinculados a eventos sobrenaturales: "Oh, tabaco puro yo te conju-
ro, en el nombre de Joaquín o de María, con dos te ato, con
tres te desato y el corazón te parto, la sangre te bebo, que
venga que venga que nadie lo detenga, que corra que corra
que nadie lo socorra" (136). Subvierte este lenguaje popular
textos provenientes de la tradición literaria, como las fábu-
las de Esopo y de la liturgia católica, ironizándolos: "El be-
cerro que cagaba oro y plata" y "El gato sarnoso". En uno
de los relatos titulado "El banquete", Jesús, enojado por el
mal tratamiento que había recibido de un hacendado, lo
convierte, a él y a sus convidados, en chanchos.

El lenguaje de *Habla la ciudad* es flexible. Esta característica se percibe claramente en la asimilación de vocablos coloquiales provenientes de la jerga callejera: estar
"achara[d]o" [avergonzado] o, "la jerma" [la novia], "cham-
bear" [trabajar]. Lo mismo se puede señalar de la abun-
dancia de proverbios populares, presentes especialmente en
aquellos discursos que mejor parecen haberse adaptado al
lenguaje burgués limeño, "Aquí el que no es vivo no muer-
de" (133) y, "Yo me corrí más rápido que piojo en cabeza de
calvo" (134). Además, se incorporan citas de canciones

---

61 Al final de su relato, Doña Angela lamenta su estada en Lima, "Así
he pasado esta vida, a veces pienso mejor me hubiese quedado en
mi tierra sin sufrir mucho" (94).

populares, como los valses peruanos, las marineras y los huaynos. La letra del huayno "Las Heroicas" se encuentra en el relato, "Felipe Pinglo bajó del Prado a Mercedarias":

> Somos las heroicas hermanitas
> hijas del Perú
> que nos hallamos prisioneras
> en el sur.
>
> Con la melodiosa música incaica
> su heroísmo con amor
> patria del noble Atahualpa
> palpita del Imperio
> los hijos del Sol (30).

Las imágenes que invaden los testimonios provienen de la cotidianidad y de sus experiencias en la urbe capitalina. Las descripciones de Lima por los nacidos fuera se manifiesta en imágenes marcadas por la diferencia, como por ejemplo cuando se contrastastan las actividades entre los moradores de la capital y de sus pueblos de origen. Lo mismo sucede con la descripción de lugares públicos como los edificios y las construcciones en general. Muchas de las referencias a Lima se relacionan con sus calles principales, parques públicos, hospitales del Estado, lugares de trabajo, vivienda, recreación y salud; la calle Dos de Mayo, La Colmena, el Paseo Colón, Barranco, La Victoria, el Campo de Marte, el Parque de las Garijas, el Parque de la Exposición, el hospital Loayza. Otras imágenes vinculadas a Lima misma evocan sentimientos de dificultad. Entre ellas prevalecen metáforas y símiles provenientes de un discurso de batalla, "el mundo de luchas", "guerra mata pega de frente, mueren" (125), "¿Cuál es la mejor arma del hombre?" (131).

La agresividad de sus enunciados se manifiesta, asimismo, en la impetuosidad que caracteriza muchos de los enunciados: "Hay que ser vivos, zampaos, hay que usar el coco" aconseja un hablante. "El que no lo usa está jodido" (133); "A la mierda la chicha, a la mierda la salsa" exclama un rockero. La impetuosidad del discurso oral se refleja en la tendencia a la exageración. Predomina la hipérbole, "Habían millones y millones de ganado" (63) y, "todo el mundo se iba a La Punta" (11). Es también un lenguaje desafiante:

"Yo me hago una pregunta" dice uno de los entrevistados
"si le pica la mano a uno dice que va a recibir plata ¿qué
será cuando le pica atrás? ¿qué mierda va a recibir? un
platanazo carajo" (131). Tiende también el lenguaje popular
a ser ardiente y apasionado. El narrador del "Rockero hasta
la muerte" describe a otro rockero en los siguientes términos, "Cuando vimos a ese concha su madre de Alejandro
Maura ... a ese hijo de puta que dice ser rockero, toda la noche le mentamos a la madre ¡Conchatumadre!, ¡conchatumadre!, le gritamos, ¡Ñoco!, ¡maricón, cabro! En coro repe-
timos: huevón y el muy puto ... se dio cuenta" (163). Sobresale también en el uso de proverbios y de adagios populares
como, "el que no llora no mama" (133) y, "¿de qué vale que
seas peón, un ojo verde y otro marrón?" (132).

Además de los elementos oral, popular y colectivo de los
relatos, en los testimonios se destaca la ausencia de jerar-
quías discursivas. Cada uno de los enunciados contiene el
mismo nivel de representación y de significación: el de los
coherentes, el de los balbuceantes o inconexos, el de los
bien aceptables moralmente, el de los perversos, el de los
nostálgicos del pasado, el de los asustados y desconcertados
sobre el presente, el de los tradicionales o de los eventuales
(7).[62] El discurso aburguesado del narrador de "Dios cambió
mi léxico" se entrecruza con el de la campesina recién
llegada a Lima de "Yo soy Huallucachi". Por otro lado, cada
uno de los relatos es la representación de las múltiples versiones de la vida cotidiana limeña.

Los discursos orales incorporan en su estructura otros
textos esenciales para la representación, la historia y la política. La representación de la historia oficial de esta época
ha pasado por un proceso desmitificador en *Habla la ciudad*. En la interpretación popular ésta adopta nuevas máscaras, paródicas algunas, irreverentes las más. Los "grandes" personajes que han dominado desde siempre la historiografía, por ejemplo, han sufrido en ésta una transformación radical. Se les ha rebajado de los pedestales escritura-
les para adquirir, en los relatos orales, un aspecto grotesco.

---

[62] Todos estos calificativos provienen directamente de los relatos.

Este proceso se nota tanto en la nomenclatura de los "líderes" del país (presidentes, miembros de la oligarquía y del alto clero peruano), como en la representación de eventos específicos de la historia del Perú. Al presidente Sánchez Cerro, por ejemplo, se le denomina "Cerro" y se le apoda, "El macho". Uno de los narradores menciona que Sánchez Cerro era "un cholito, lo pusieron los ricos [en el poder] ... era su maniquí" (13). Al presidente Oscar R. Benavides se le denomina "El Tuerto". Otro testigo le elimina el calificativo de dignidad, "Señor Presidente", al dignatario Augusto B. Leguía y lo sustituye por el apelativo, "don". A manera de explicación señala que Leguía, "no era doctor ni nada, simplemente don, un ciudadano de Arequipa" (15), en tanto que otra narradora le atribuye actividades comunes, desmitificando de esta manera el lugar que le atribuye la historiografía oficial, "Leguía jugaba carnavales ... Agarraba un sifón de esos con que vendían las cervezas, y gaseosas, y empezaba a disparar agua. Aquí nomás, en el Campo de Marte, lo he visto jugar" (11). El embajador peruano ante los Estados Unidos, Pedro Beltrán, se convierte en uno de los relatos simplemente en "Beltrán" en tanto se le describe como "alto y barrigón". Según otro de los narradores populares, la imagen de Alan García, presidente del gobierno en el momento que se llevaba a cabo la recolección de los relatos orales, manifiesta en su discurso vocablos que no corresponden a sus circunstancias políticas: "A ver si se le cae [a García] una piedra pesada en el pie, a ver si no va a decir ¡Ay mierda carajo!" (134).

Cuando los narradores se remontan a la época de la conquista española y de la colonia, sucede algo semejante. La historiografía oficial va sufriendo transformaciones importantes, minándosele de esa manera la autoridad de sus declaraciones. En la descripción de la estatua de Francisco Pizarro, conquistador del Perú y fundador de la "Ciudad de los Reyes" (nombre con que se le conoce a la capital del Perú), leemos:

> ... ese cojudo que está montado en su caballo era un pastor de cerdos; sí un pastor de chanchos para decirlo de una forma más clara para que entiendan. Por aventao vino al Perú, por eso olemos a chancho, mató un montón de indios, nuestros hermanos,

se comió a las hembritas, vírgenes, fundó esa caca que se llama
Lima y ¿ya ven? le han hecho un monumento. Me dan ganas de
cacharlo. Un día voy a pasar con un fierro caliente y le voy a
hacer un hueco en el culo y después le voy a cachar, le voy a hacer gritar. Pizarro nunca estuvo en la universidad y conquistó el
Perú con otros treces huevones (133).

La parodia de la historia oficial se hace más evidente todavía cuando se le contrasta con la representación, heroica,
de otros personajes considerados de importancia en la experiencia de los testigos. De Túpac Amaru que se sublevó contra el poder de los españoles, leemos:

> Túpac Amaru era un hombrazo, tenía unos brazazos, una es-
> paldona, unas piernotas, unos huevazos. Fue el único capaz de
> mentarle a la madre al presidente, de escupirle en la cara (132).

Mama Ocllo, por otro lado, es foco de admiración debido a
su capacidad reproductiva. Además, se le alaba su habilidd
de concebir "un muchachazo, de un metro de altura, de seis
kilos" (132–33), en contraste a los que "Ahora nacen de tres
centímetros y cinco gramos" (134).

Otro aspecto del lenguaje que refleja la *heterogeneidad*
de los relatos callejeros proviene de la especificidad de los
contornos socio-políticos de cada uno de los narradores. Participan de este coro discursivo tanto el habla de un fabri-
cante de lápidas como el de una mendiga, el de un homose-
xual como el de un lustrabotas, el de un ladrón como el de
un marihuanero. Cada uno de ellos contribuye con sus
particularidades lingüísticas a la sinfonía de voces que
converge en el lenguaje urbano. La anciana pordiosera de,
"Antes los chanchos eran limpios", exclama:

> Señor, joven, una limosnita, una limosnita, ah, me ha faltado
> para las medicinas, no tengo plata, por favor, gracias, ah, sí, to-
> dos los años me pongo el hábito del Señor de los Milagros, él me
> protege, sí, siempre me revela, sueño un ángel joven, hermoso,
> también una señorita triste que debe ser la Virge [sic]" (171).

Nótense en particular el uso de la exhortación al principio
del relato, el uso del diminutivo y de interjecciones cada
cierto tramo del relato con el fin de crear en el que escucha
un efecto especial, la aparente desconexión entre las ideas,

añadiendo al relato el aspecto de oralidad: el registro de
deidades religiosas y la alusión al mundo de los sueños y de
la fantasía. Por otro lado, en el relato del Sr. Andrés Del-
gado, titulado, "Yo hubiera sido dueño de medio Perú", notamos contrastes notables con el de la mendiga. Se autorepresenta el primero como un discurso informado de la realidad peruana. Recurre a citas provenientes de la historiografía peruana como cuando se refiere a dos Presidentes
del Perú, Augusto B. Leguía y Sánchez Cerro, a comer-
ciantes actuales, como la familia D'Onofrio; a líderes del
pasado Inca, como Manco Cápac y extranjeros, como Juan
Domingo Perón. El narrador del testimonio titulado "Yo
hubiera sido dueño de medio Perú" relata el gobierno de
Augusto B. Leguía en los siguientes términos:

> Esta situación de nosotros es así: en esa época don Augusto B.
> Leguía por intermedio del Dr. Perochena, que era representante
> por Arequipa, que hizo todos los trámites, porque a mi madre el
> Presidente le había dado una beca y le invitaba a Palacio; de Li-
> ma a las once en punto llegaba el coche presidencial a sacarnos
> de las primeras cuadras de la Avenida Augusto B. Leguía que
> así se llamaba la Av. Arequipa y la historia lo confirma porque
> Leguía fue presidente por tres veces y esto también la historia
> lo confirma; llegó el coche presidencial pues a llevarnos, para
> Palacio, a don Augusto B. Leguía; don, porque él no era doctor ni
> nada, simplemente don, un ciudadano de Arequipa (15).

Los relatos orales contienen conocimientos de una
sociología popular, como cuando se refieren a artistas populares peruanos y extranjeros, entre los que se destacan
Libertad Lamarque, Gardel, Pinglo, Agustín Magalia. Ci-
tan también letras de canciones peruanas y extranjeras. La
mezcla de todos estos fragmentos en el relato callejero revela especialmente el proceso de recontextualización de la
realidad peruana. Filtrados todos estos discursos a través
del prisma del *yo* autobiográfico, con un nuevo lenguaje
metafórico, se le va revelando al lector una *realidad* diferente, desconocida.

A pesar de que los encargados de la colección de relatos
se aproximan a los Informantes a partir de un esquema
científico-social, los relatos se distinguen, como vemos pues,
por su contenido estético. De las palabras y enunciados en

los testimonios de la ciudad distinguen especialmente "el léxico que se crea y se recrea, las singulares combinaciones sintácticas de atractivos efectos estéticos, los inéditos lazos figurativos" (7). De ahí que los profesionales de literatura llamen la atención sobre el lenguaje poético de los relatos y su contexto literario, sobre la poesía del habla corriente, sobre las imágenes que prevalecen en los relatos (7), sobre su música, su "dibujo" y, sobre el "deslizamiento" que distingue el hablar de los narradores (7).

Lo que en una primera lectura se podría percibir como un cierto desorden en el trabajo llevado a cabo por los estudiantes de Literatura del Taller de Testimonio apunta, sin embargo, en una dirección opuesta. La aparente falta de rigor en la representación de los relatos confirma el propósito principal del trabajo. El juicio de la falta de "rigor" que se podría aplicar al proyecto provendría del mismo prejuicio que viene afectando nuestra valorización de lo que es una "buena" manera de expresarse, frente a una "mala". Al haberse considerado los discursos populares como "inferiores" o no-al-mismo-nivel que los discursos burgueses se les ha relegado de toda consideración como estudios serios. Los estudiantes de literatura encargados de este trabajo rechazan este empeño de categorización como uno, o el único medio, de comprender el lenguaje callejero de Lima.

La presencia constante de la voz de los transcriptores en las narraciones, nos recuerda que una de las características centrales del lenguaje literario de los relatos callejeros orales es su palabra de doble filo. No sólo se encuentra contenida en ella la voz del autor popular, deseoso de comunicar sus experiencias, sino también la voz del mediador, ansioso de reproducir ciertos elementos en los relatos que manifiesten su aspecto *literario*. Por otro lado, el doble filo de la palabra de los testimonios de los autores populares se manifiesta en su multiplicidad de significados, cada uno de ellos proveniente de los múltiples textos que lo conforman. Dado el carácter múltiple de la palabra popular, su significado es, por consiguiente, ambiguo.

A través de todas las representaciones señaladas, los relatos populares parodian el discurso oficial de la capital del Perú. Sabiéndose marginados de la corriente lingüística establecida, los enunciados de *Habla la ciudad* confrontan el discurso limeño considerado por los eruditos y conocedores del tema como el discurso "apropiado" o "correcto". En la confrontación, los discursos populares cuestionan la noción tergiversada de aquellos científicos sociales que se aproximan a la palabra oral como si fuera defectuosa e inferior. En la confrontación, asimismo, los narradores parodian la superioridad del discurso oficial en tanto revelan lo inapropiado de algunos parámetros, establecidos por los estudiosos, basados en la relación "oficial" o "bueno" y "popular" o "defectuoso". Desenmascaran los documentos del estado oficial que les ha negado, desde siempre, el derecho de figuración en la representación discursiva limeña. Manifiestan también la falsedad de aquellos textos que vienen usurpando su palabra para incorporarla en la documentación científica sin haberles dado el crédito de autoría que se merecen. *Habla la ciudad* es, entonces, la celebración, el enaltecimiento público de un lenguaje popular, variado, rico, complejo, importante y difícil de ignorar. En las estructuras que les provee la obra sus voces son turbulentas, urgentes y seguras de sí mismas.

Para concluir, entonces, aunque los discursos que componen la voz dominante de *Habla la ciudad* son múltiples y variados, todos ellos contribuyen a la formulación de la nueva poética urbana. Las experiencias de la vivencia en la gran urbe, compartidas por los narradores, los llevan a recrear un nuevo lenguaje, basado en una multiplicidad de rasgos discursivos literarios, entre los que se encuentran la nostalgia, la añoranza, la violencia, la agresividad: características, en suma, que revelan un lenguaje ingenioso e inventivo. Es este lenguaje el que reclama, con la autoridad de su palabra, el desenmascaramiento del lenguaje oficial. Rechaza rotundamente, por consiguiente, la ilusión de estabilidad y de orden que emana de los legajos oficiales a medida que condena su afán publicitario y propagandístico. Es este lenguaje, asimismo, el que hace posible que el *yo* colectivo, popular y oral de *Habla la ciudad*, busque y reclame su ingreso pleno en la polifonía de voces que compone el rostro lingüístico de la urbe limeña. Es este lenguaje, en resumidas cuentas, el que valiéndose del lenguaje oficial, no sólo utiliza sus parámetros sino que los trasciende para revelar la creatividad de sus enunciados y la autoridad de su propia palabra.

CONCLUSIÓN

El Perú cuenta con una rica tradición del género testimonio a partir de las crónicas de la Conquista. A partir de la década de los '50 del siglo XX, los testimonios vienen gozado de una enorme visibilidad tal como lo comprueba su venta en quioscos y librerías peruanas. Su publicación responde al esfuerzo de los científicos sociales, especialmente antropólogos y etnógrafos, de recoger, transcribir, reproducir, y difundirlos; la recolección de los relatos se logra a través de la entrevista y la grabación, su transcripción por medio de la traducción de los idiomas indígenas al castellano y de la oralidad a la escritura. En cuanto les es posible, los entrevistadores tratan de mantener intacta la representación de los enunciados de los hablantes en sus transcripciones. En aquellos casos donde la transcripción les ha dificultado esta tarea, han hecho todo lo posible por mantenerse fieles a la palabra original.

El objetivo principal de incorporar los testimonios en los documentos de los investigadores peruanos es el de familiarizar al lector urbano, letrado y de habla hispana, con textos formulados oralmente por inmigrantes indígenas. Como ya suele pensarse, la migración es una realidad que viene transformando radicalmente la cara del Perú de las últimas décadas. Dado el hecho que el contenido de estos relatos se basa en las experiencias migratorias de los hablantes, desde la salida de sus pueblos de origen hasta su establecimiento en regiones urbanas del litoral peruano, la esperanza de los especialistas es que su lectura brinde a este lector una visión más completa de las dificultades reales de la migración en el Perú. Su esperanza es también que el conocimiento de esta realidad peruana lleve al lector a la formulación de leyes y programas que cambien una realidad que cada año se va haciendo más difícil.

Es evidente que la divulgación y propagación de los relatos orales por los profesionales son acciones dignas de alabanza. No sólo se familiariza al lector con los problemas de migración sino que la representación de voces amerindias en la escritura formal de sus documentos viene brindando al migrante una presencia no lograda hasta hace poco en las letras peruanas. Es justamente en virtud de las publicaciones de los científicos sociales que las múltiples voces reflejadas en los relatos orales han adquirido un merecidísimo grado de visibilidad. Es también a través de estos documentos que los problemas de los testigos vinculados a sus nuevos locales de residencia vienen recibiendo cierto reconocimiento. Por último, es también a través de la divulgación de estos estudios que los relatos populares vienen adquiriendo, en la literatura peruana, un espacio semejante a aquél alcanzado previamente sólo por el signo gráfico en castellano.

Pero en la mayoría de los casos, las buenas intenciones de los científicos sociales se quedan cortas. El análisis de los discursos de los cinco testimonios orales peruanos incorporados en nuestro estudio revela la confrontación de la palabra oral del testigo con la palabra escrita del documento científico. La autoridad que emana del *yo* colectivo de los relatos orales termina por cuestionar la autoridad del *yo* profesional. La riqueza discursiva de la oralidad desborda los parámetros rígidos e inflexibles que le impone la palabra letrada. En suma, aunque la oralidad de la palabra popular parece estar aceptando plácidamente el apoyo de los documentos profesionales, su lectura demuestra que esto no es así. El texto popular termina por subvertir la documentación profesional y la oralidad termina por utilizar la instancia gráfica. La práctica oral a la vez tradicional e innovadora, se sirve de la escritura para expresar, en el ambiente urbano, una sensibilidad del todo independiente de la que se halla en la escritura oficial. En este caso, y siguiendo el pensamiento de Lienhard, la oposición oralidad/escritura no corresponde ya a un antagonismo entre los sectores marginados y hegemónicos sino más bien a una determinante declaración por los nuevos ciudadanos como sujetos del habla y como autores de sus propios textos. La complementaridad entre ambos muestra cuál podría ser, en un Perú finalmente descolonizado, la relación entre dos prácticas igualmente válidas y prometedoras.

BIBLIOGRAFÍA

a) Testimonios peruanos

Habla la ciudad. Lima: Universidad Nacional Mayor de San Marcos, 1986.

Matos Mar, José. "18 Biografías de pobladores". *Las barriadas de Lima. 1957.* Lima: Instituto de Estudios Peruanos, 1977. 167–225.

-----. *Taquile en Lima. Siete familias cuentan ....* Lima: Fondo Internacional para la Promoción de la Cultura [UNESCO], 1986.

Tocón Armas, Carmen & Armando Mendiburu M. *Madres solteras / Madres abandonadas. Problemática y alternativas.* 2 vols. Chimbote: La casa de la mujer, 1990 y 1991.

-----. *Madres solteras / Madres abandonadas. Testimonios.* Chimbote, [Perú]: La casa de la mujer, 1991.

Valderrama Fernández, Ricardo & Carmen Escalante Gutiérrez. *Gregorio Condori Mamani. Autobiografía.* Cusco: Centro de Estudios Rurales Andinos, 1979.

b) Estudios y obras en general

Abrams, M. H. *The Mirror and the Lamp*. New York: Oxford University Press, 1953.

Achugar, Hugo. "Historias palarelas/historias ejemplares: La historia y la voz del otro". *Revista de Crítica Literaria Latinoamericana* 36 (1992): 49–71.

-----. "Notas para un debate sobre la crítica literaria latinoamericana". La Habana: Casa de las Américas 110 (sep-oct 1978): 3–18.

-----. "Notas sobre el discurso testimonial latinoamericano". *La historia en la literatura iberoamericana. Memorias del XXVI Congreso del Instituto Internacional de Literatura Iberoamericana*. Raquel Chang-Rodríguez y Gabriella de Beer, eds. Hanover [New Hampshire]: Ediciones del Norte, 1989: 279–94.

Aldaz, Anne-Marie. *The Past of the Future. The Novelistic Cycle of Manuel Scorza*. New York: Peter Lang, 1990.

Altamirano, Teófilo. *Cultura urbana y pobreza urbana. Aymaras en Lima Metropolitana*. Lima: Fondo Editorial [Universidad Católica del Perú], 1988.

-----. *Presencia andina en Lima Metropolitana*. Lima: Fondo Editorial [Universidad Católica del Perú], 1984.

Alvarez Brun, Félix. *Ancash. Una Historia Regional*. Lima: Ed. P.L. Villanueva, 1970.

Anzaldúa, Gloria. *Borderlands / La Frontera: The New Mestiza*. San Francisco: Spinsters/Aunt Lute, 1987.

Arguedas, José María. "La novela y el problema de la expresión literaria en el Perú". *Mar del Sur* 9 (feb. 1950): 62–72.

Asedios a la heterogeneidad cultural. Homenaje a Antonio Cornejo Polar. J. A. Mazzotti & U. J. Zevallos Aguilar, coords. Philadelphia: Asociación Internacional de Peruanistas, 1996.

Auerbach, Erich. *Mimesis: la realidad en la literatura*. México: Fondo de Cultura Económica, 1950.

Barnet, Miguel. *Biografía de un cimarrón*. Barcelona: Ariel, 1968.

Barnet, Miguel "La novela testimonio. Socio-literatura". *Testimonio y literatura*. René Jara & Hernán Vidal, eds. Minneapolis: Institute for the Study of Ideologies and Literature, 1986: 281–302.

-----. "Testimonio y comunicación: Una vía hacia la identidad". *Testimonio y literatura*. René Jara & Hernán Vidal, eds. Minneapolis: Institute for the Study of Ideologies and Literature, 1986: 303–23.

Basadre, Jorge. *Historia de la República del Perú. 1822-1933*. 3 vols. Lima: Editorial Universitaria, 1968.

Behar, Ruth. *Translated Woman. Crossing the Border with Esperanza's Story*. Boston: Beacon Press, 1993.

Béjar Rivera, Héctor. *Perú 1965: Apuntes sobre una experiencia guerrillera*. Montevideo: Sandino, 1969.

Bell-Villada, Gene H. "Why Dinesh D'Souza Has It in for Rigoberta Menchú". *Teaching and Testimony. Rigoberta Menchú and the North American Classroom*. Eds. Allen Carey-Webb & Stephen Benz. Albany: State University of New York Press, 1996.

Bendezú, Edmundo. *La otra literatura peruana*. México: Fondo de Cultura Económica, 1986.

Beverley, John. *Against Literature*. Minnesota: The University of Minnesota Press, 1993.

Beverley, John. *Del Lazarillo al Sandinismo: Estudios sobre la función ideológica de la literatura española e hispanoamericana*. Minneapolis: The Prisma Institute, 1987.

Beverley, John. "The Margin at the Center: On Testimonio (Testimonial Narrative)". *Modern Fiction Studies* 35.1 (1989): 11–28.

-----. "The Real Thing". *The Real Thing. Testimonial Discourse and Latin America*. Durham: Duke University Press, 1996. 266–86.

-----. "Sobre la situación actual de los estudios culturales". *Asedios a la heterogeneidad cultural. Homenaje a Antonio Cornejo Polar*. J. A. Mazzotti & U. J. Zevallos Aguilar, Coords. Philadelphia: Asociación Internacional de Peruanistas, 1996, 455–74.

-----. "El testimonio en la encrucijada". *Revista Iberoamericana* 59: (julio-diciembre 1993): 485–95.

Beverley, John & Hugo Achugar, eds. *La voz del otro: testimonio, subalternidad y verdad narrativa*. Lima-Pittsburgh: Latinoamericana Editores, 1992.

Beverley, John, Oviedo, José Miguel & Michael Aronna, eds. *The Postmodernism Debate in Latin America*. Durham: Duke University Press, 1995.

Beverley, John & Zimmermanm Marc. "Testimonial Narrative". *Literature and Politics in the Central American Revolutions*. Austin: Univ. of Texas Press, 1990, 173–211.

Biondi, Juan & Zapata, Eduardo. *Representación oral en las calles de Lima*. Lima: Universidad de Lima [Facultad de Ciencias Humanas], 1994.

Blanco, Hugo. *El camino de nuestra revolución*. Lima: Ed. Revolución Peruana, 1964.

Blondet, Cecilia. *La situación de la mujer en el Perú. 1980-1994*. Instituto de Estudios Peruanos, 1994.

Bourgois, Philippe. *In Search of Respect. Selling Crack in El Barrio*. New York: Cambridge University Press, 1995.

Bueno-Chávez, Raúl. *Escribir en hispanoamérica. Ensayos sobre teoría y crítica literarias.* Lima/Pittsburgh: Latinoamericana Editores, 1991.

-----. "Sobre la heterogeneidad literaria y cultural de América Latina". *Asedios a la heterogeneidad cultural. Homenaje a Antonio Cornejo Polar.* J. A. Mazzotti & U. J. Zevallos Aguilar, Coords. Philadelphia: Asociación Internacional de Peruanistas, 1996. 21–36.

Burga, Manuel. "Movimientos campesinos en Jequetepeque en el siglo XX". *Los movimientos campesinos en el Perú. 1879-1965.* Ed. Wilfredo Kapsoli. Lima: Delva Editores, 1977. 229–42.

Burgos-Debray, Elisabeth. *Me llamo Rigoberta Menchú y así me nació la conciencia.* México: Siglo Veintiuno Editores, 1985.

Burt, JoMarie. "Shining Path and the 'Decisive Battle' in Lima's *Barriadas*: The Case of Villa El Salvador". *Shining and Other Paths.* Steve J. Stern, ed. Durham: Duke University Press, 1998. 267–306.

Carbonetto, Daniel; Hoyle, Jenny & Mario Tueros. *Lima: Sector Informal.* 2 vols. Lima: Centro de Estudios para el Desarrollo y la Participación, 1988.

Carey-Webb, Allen & Stephen Ben, eds. *Teaching and Testimony. Rigoberta Menchú and the North American Classroom.* Albany: State University of New York Press, 1996.

Casaus, Víctor. *Pablo: con el filo de la hoja.* La Habana: Unión, 1983.

Castro-Klarén, Sara. *Escritura, transgresión y sujeto en la literatura latinoamericana.* México: Premiá, 1989.

Clifford, James. "On Ethnographic Allegory". *Writing Culture. The Poetics and Politics of Ethnography.* James Clifford & George E. Marcus, eds. Los Angeles: University of California Press, 1986. 98–121.

Colás, Santiago. "What's Wrong with Representation?" *The Real Thing. Testimonial Discourse and Latin America.* Durham: Duke University Press, 1996. 161–71.

Cornejo-Polar, Antonio. "El comienzo de la heterogeneidad en las literaturas andinas: voz y letra en el 'diálogo' de Cajamarca". *Revista de Crítica Literaria Latinoamericana* 17.33 (1er. semestre 1991): 155–207.

-----. "Condición migrante e intertextualidad multicultural: El caso de Arguedas". *Revista de Crítica Literaria Latinoamericana* 21.42 (1995): 101–9.

-----. *Escribir en el aire. Ensayo sobre la heterogeneidad socio-cultural en las literaturas andinas.* Lima: Editorial Horizonte, 1994.

-----. "Una heterogeneidad no dialéctica: sujeto y discurso migrantes en el Perú moderno". *Revista Iberoamericana* 62. 176–177 (julio-diciembre 1996): 837–44.

-----. *La formación de la tradición literaria en el Perú.* Lima: Centro de Estudios y Publicaciones, 1989.

-----. "Mestizaje, transculturación, heterogeneidad". *Revista de Crítica Literaria Latinoamericana* 20.40 (1994): 368–71.

-----. *Sobre literatura y crítica latinoamericanas.* Caracas: Ediciones de la Facultad de Humanidades y Educación, 1982.

-----. "Sobre el 'neoindigenismo' y las novelas de Manuel Scorza". *Revista Iberoamericana* 127 (abril-junio 1984): 549–57.

-----. *Los universos narrativos de José María Arguedas.* 2a. ed. Lima: Horizonte, 1997.

Cornejo Polar, Antonio; Escobar, Alberto; Lienhard, Martín & William Rowe. *Vigencia y universalidad de José María Arguedas.* Lima: Ed. Horizonte, 1984.

Cotler, Julio. *Clases, estado y nación en el Perú.* Lima: Instituto de Estudios Peruanos, 1978.

-----. "La mecánica de la dominación interna y del cambio social en el Perú". *América Latina* (enero-marzo, 1968): 72–106.

Chang-Rodríguez, Eugenio. "El indigenismo peruano y Mariátegui". *Revista Iberoamericana* 127 (abril-junio 1984): 367–93.

Degregori, Carlos Iván. *Ayacucho 1969-1970. El surgimiento de Sendero Luminoso.* Lima: Instituto de Estudios Peruanos, 1990.

Díaz G., Jorge. *La economía campesina y el desarrollo regional del Cusco, Perú.* Holanda: Universidad de Tilburg, 1986.

D'Souza, Dinesh. *Illiberal Education.* New York: The Free Press, 1991.

Emerson, Robert M. & Melvin Pollner. "On the Uses of Members' Responses to Researchers' Accounts". *Human Organizations* 47, 3 (1988): 189–98.

Felman, Shoshana & Dori Laub. *Testimony. Crises of Witnessing in Literature, Psychoanalysis, and History.* New York: Routledge, 1992.

Forgues, Roland. *Manuel Scorza. "L'Homme et son Oeuvre".* Bordeaux: Presses Universitaries de Bordeaux, 1988.

Foster, Hal, ed. *The Anti-Aesthetic: Essays on Postmodern Culture. "Postmodernism: A Preface".* Seattle: Bay Press, 1989. ix–xvi.

Franco, Carlos. *Imágenes de la sociedad peruana: la 'otra' modernidad.* Lima: Centro de Estudios para el Desarrollo y la Participación, 1991.

-----. *Informales: nuevos rostros en la vieja Lima.* Lima: Centro de Estudios para el Desarrollo y la Participación, 1989.

Franco, Jean. *La cultura moderna en América Latina*. México: Joaquín Mortiz, 1971.

García Canclini, Néstor. *Culturas híbridas. Estrategias para entrar y salir de la modernidad*. México: Grijalbo, 1989.

Geertz, Clifford. *Works and Lives. The Anthropologist as Author*. California: Stanford University Press, 1988.

Geertz, Clifford. *The Interpretations of Cultures*. New York: Basic Books, 1973.

Gelles, Paul. H. *Andean lives. Gregorio Condori Mamani and Asunta Quispe Huamán*. Ricardo Valderrama Fernández & Carmen Escalante Gutiérrez, eds. Austin, Texas: University of Texas Press, 1996.

González Echevarría, Roberto. *Myth and Archive. A Theory of Latin American Narrative*. Cambridge: Cambridge University Press, 1990.

Gorriti Ellenbogen, Gustavo. *Sendero. Historia de la guerra milenaria en el Perú*. Lima: Ed. Apoyo, 1990.

Gugelberger, Georg M., ed. *The Real Thing. Testimonial Discourse and Latin America*. Durham: Duke University Press, 1996.

Gutiérrez, Miguel; Aguilar Vilma & Ana María Mur. *Cobriza, Cobriza 1971*. Lima: Ed. Nueva Crónica, 1981.

Hutcheon, Linda. *The Politics of Postmodernism*. New York: Routledge, 1989.

Jameson, Fredric. "Postmodernism, or the Cultural Logic of Late Capitalism". *New Left Review* 146 (1984): 53–92.

Jara, René. "Prólogo". *Testimonio y literatura*. René Jara & Hernán Vidal, eds. Minneapolis: Institute for the Study of Ideologies and Literature, 1986.

Kaliman, Ricardo J. "Buscando la consecuencia de la incorporación de la oralidad en los estudios literarios latinoamericanos". *Asedios a la heterogeneidad cultural. Homenaje a Antonio Cornejo Polar.* 291–310.

Kapsoli, Wilfredo, ed. *Los movimientos campesinos en el Perú 1879-1965.* Lima: Delva Editores, 1977.

Lejeune, Philippe. *Le pacte autobiographique.* Paris: Seuil, 1975.

Levin, Harry. "What is Realism?" *Comparative Literature* 3.3 (verano 1951): 193-199.

Lienhard, Martín. *La voz y su huella. Escritura y conflicto étnico-social en América Latina 1492-1988.* Hanover: Ediciones del Norte, 1991.

Losada Guido, Alejandro. *Creación y praxis. La producción literaria como praxis social en hispanoamérica y el Perú.* Lima: Universidad Nacional Mayor de San Marcos, 1976.

Marcus, George E. & Dick Cushman. "Ethnographies as Texts". *Annual Review of Anthropology* 11 (1982): 25-67.

Marcus, George E. & Dick Cushman. "Rhetoric and the Ethnographic Genre in Anthropological Research". *Current Anthropology* 21. 4 (agosto 1980): 507–10.

Mariátegui, José Carlos. *7 Ensayos de interpretación de la realidad peruana.* Lima: Biblioteca Amauta, 1965.

Martínez, Héctor. *Migraciones internas en el Perú.* Lima: Instituto de Estudios Peruanos, 1980.

Matos Mar, José. *Desborde popular y crisis del Estado. El nuevo rostro del Perú en la década de 1980.* Lima: Instituto de Estudios Peruanos, 1984.

McClintock, Cynthia & Abraham F. Lowenthal, comps. *El gobierno militar. Una experiencia peruana 1968-1980.* Lima: Instituto de Estudios Peruanos, 1985.

Menchú, Rigoberta. *Me llamo Rigoberta Menchú y así me nació la conciencia.* México: Siglo Veintiuno Editores, 1985. [Original: Ciudad de Guatemala: Arcoiris, 1983.]

Molloy, Sylvia. *At Face Value: Autobiographical Writing in Spanish America.* Cambridge: Cambridge University Press, 1991.

Myers, Sarah K. *Language Shift Among Migrants to Lima, Peru.* Chicago: U. of Chicago [Dept. of Geography]. Research Paper 147, 1973.

Neira, Hugo. *Los Andes, tierra o muerte.* Madrid: ZYX, 1968.

Noriega, Julio E. *Buscando una tradición poética quechua en el Perú.* Florida: North-South Center [Univ. of Miami], 1995.

Ochrymowycz, Orest R. *Aspects of Oral Style in the Romances Juglarescos of the Carolingian Cycle.* Iowa City: The University of Iowa, 1975.

Ong, Walter G. *Oralidad y escritura. Tecnologías de la palabra.* México: Fondo de Cultura Económica, 1987.

Oquendo, Abelardo. *Narrativa peruana 1950/1970.* Madrid: Ed. Alianza, 1973.

Ortega, Julio. *Cultura y modernización en la Lima del 900.* Lima: Centro de Estudios para el Desarrollo y la Participación, 1986.

-----. "Postmodernism in Spanish-American Writing". *International Postmodernism.* Hans Bertens & Douwe Fokkema, eds. Amsterdam/Philadelphia: John Benjamins Publishing Co., 1997. 315–326.

-----. *Texto, comunicación y cultura:* Los Ríos Profundos *de José María Arguedas.* Lima: Centro de Estudios para el Desarrollo y la Participación, 1982.

Pratt, Mary Louise. "Fieldwork in Common Places". *Writing Culture.* Eds. James Clifford & George E. Marcus. Los Angeles: University of California Press, 1986. 27–50.

-----. "Me llamo Rigoberta Menchú. Autoethnography and the Recoding of Citizenship". *Teaching and Testimony.* 57–72.

Pretel Leiva, Luis & Roberto López Linares. *Movimiento Sindical en Chimbote. Historia gráfica 1960-1968.* Chimbote: Instituto de Promoción y Educación Popular (IPEP), 1986.

Rama, Angel. *La ciudad letrada.* Hanover [New Hampshire]: Ediciones del Norte, 1984.

-----. *Transculturación narrativa en América Latina.* México: Siglo Veintiuno, 1982.

Ramírez Peña, Josefa & Felipe Fernández Sánchez. *Presencia de la mujer en la historia del Perú: La nueva presencia de la mujer en el Perú.* Piura: Instituto de Apoyo al Movimiento Autónomo de Mujeres Campesinas, localizado en Piura, 1989.

Rabinow, Paul. "Discourse and Power: On the Limits of Ethnographic Texts". *Dialectical Anthropology* 10.1-2 (julio 1985): 1–13.

Rengifo, Antonio. "Esbozo Biográfico de Ezequiel Urviola y Rivero". *Los movimientos campesinos en el Perú. 1879-1965.* Wilfredo Kapsoli, ed. Lima: Delva Editores, 1977. 179–209.

Rénique, José Luis. *Los sueños de la sierra. Cusco en el siglo XX.* Lima: Centro Peruano de Estudios Sociales, 1991.

Reyes Tarazona, Roberto. *Cobriza, Cobriza, 1971.* Prefacio de Miguel Gutiérrez, Vilma Aguilar & Ana María Mur. Lima: Ed. Nueva Crónica, 1981.

Reynoso, Oswaldo; Aguilar, Vilma & Hildebrando Pérez H. *Luchas del magisterio. De Mariátegui al SUTEP*. Lima: Ediciones Narración, 1979.

Rincón, Carlos. *El cambio actual de la noción de literatura y otros estudios de teoría y crítica latinoamericanas*. Bogotá: Instituto Colombiano de Cultura, 1978.

Riofrío Benavides, Gustavo. *Se busca terreno para próxima barriada. Espacios disponibles en Lima 1940-1978-1990*. Lima: Centro de Estudios y Promoción del Desarrollo, 1978.

Rivero, Eliana. "Acerca del género 'Testimonio': textos, narradores y 'artefactos' ". *Hispamérica* 46 (1987): 40–55.

-----. "Testimonios y conversaciones como discurso literario: Cuba y Nicaragua". *Literature and Contemporary Revolutionary Culture: Journal of the Society for the Study of Contemporary Hispanic and Lusophone Revolutionary Literatures* 1 (1984-85): 218–28.

Rodríguez-Luis, Julio. "Las autobiografías de Gregorio Condori Mamani y de su esposa, Asunta, en el contexto de la narrativa testimonial". Conferencia. *Jornadas Andinas de Literatura Latinoamericana (JALLA)*. Cusco: 1999.

Rosengren, Dan. *In the Eyes of the Beholder. Leadership and the Social Construction of Power and Dominance Among the Matsigenka of the Peruvian Amazon*. Sweden: Goteborgs, 1987.

Sanjinés, Javier C. "Beyond Testimonial Discourse. New Popular Trends in Bolivia". *The Real Thing. Testimonial Discourse and Latin America*. 254–65.

Sklodowska, Elzbieta. "La forma testimonial y la novelística de Miguel Barnet". *Revista/Review Interamericana* 12. 3 (1982): 375–84.

-----. "Hacia una tipología del testimonio hispanoamericano". *Siglo XX/20th Century* 8.1-2 (1990-91): 103–20.

Sklodowska, Elzbieta. *La parodia en la nueva novela hispanoamericana (1960-1985)*. Amsterdam: John Benjamins, 1991.

-----. "Spanish American Testimonial Novel". Ed. *The Real Thing. Testimonial Discourse and Latin America.* Georg M. Gugelberger, Ed. Durham: Duke University Press, 1996.

-----. *Testimonio Hispanoamericano: Historia, Teoría, Poética.* New York: Peter Lang, 1993.

Sommer, Doris. "'Not Just a Personal Story': Women's Testimonies and the Plural Self". *Life / Lines: Theorizing Women's Autobiography.* Bella Brodzki & Celeste Schenck, eds. Ithaca: Cornell UP, 1988. 107–30.

-----. "Rigoberta's Secrets". *Latin American Perspectives* 18.3 (1991): 33–50.

-----. "Sin secretos". *Revista de Crítica Literaria Latinoamericana* 36 (1992): 135–54.

Spivak, Gayatri. "Can the Subaltern Speak?" *Marxism and the Interpretation of Culture.* Cary Nelson & Lawrence Grossberg, Eds. Urbana: University of Illinois Press, 1988: 271–313.

Stern, Steve J., ed. *Shining Path and Other Paths. War and Society in Peru, 1980-1995.* Durham: Duke University Press, 1998.

Stoll, David. *Rigoberta Menchú and the Story of all Poor Guatemalans.* Boulder [Colorado]: Westview Press, 1999.

Tierney-Tello, Mary Beth. "Testimony, Ethics, and the Aesthetics in Diamela Eltit." *PMLA* 114, 1 (January 1999): 78–96.

Valcárcel C., Marcel, ed. *Pobreza urbana: Interrelaciones económicas y marginalidad religiosa.* Lima: Pontificia Universidad Católica del Perú [Facultad de Ciencias Sociales]: 1990.

Valderrama Fernández, Ricardo & Carmen Escalante Gutiérrez, eds. *Gregorio Condori Mamani: Autobiogrfía.* Ed. Bilingüe Quechua-Castellano. Cuzco: Centro de Estudios Rurales Andinos, "Bartolomé de las Casas", 1977.

-----. *Asunta og Gregorio Condori Mamani: Indianarliv i Peru.* Oslo: Edic. Det Norske Samlaget, 1981.

Valderrama Fernández, Ricardo & Carmen Escalante Gutiérrez, eds.. *Gregorio Condori Mamani.* Ed. Bilingüe quechua-castellano 3a edic. Cuzco: Centro de Estudios Rurales Andinos "Bartolomé de las Casas", 1982.

-----. *Gregorio Condori Mamani.* Frankfort: Ed. Suhrkamp Verlag, 1982.

-----. *De nosotros los "runas": Gregorio Condori Mamani.* Madrid: Ed. Alfaguara, 1983.

-----. *Asunta: Frauen in Latinamerika: Erzahlungen und Berichte.* Munich: Deutscher Taschenbuch Verlag dtv., 1983.

-----. *Gregorio Condori Mamani.* Amsterdam: Ediciones Meulenhoff Netherland Bv., 1985.

-----. *Gregorio Condori Mamani: Autobiografía.* La Habana: Edición Arte y Literatura, 1987.

-----. *Gregorio Condori Mamani: Autobiografía.* Edición bilingüe. Cuzco: Municipalidad Provincial del Qosqo, 1992.

-----. *Asuntapa kawsayninmanta.* Cuzco: Centro Andino de Promoción y Educación "José María Arguedas", 1994.

-----. *Andean Lives. Gregorio Condori Mamani and Asunta Quispe Huamán.* Traducido por Paul H. Gelles y Gabriela Martínez Escobar. Introd. Paul H. Gelles. Austin: University of Texas Press, 1996.

Valdés, Mario J. "The Invention of Reality: Hispanic Postmodernism". *Revista de Estudios Hispánicos* 18, 3 (primavera 1994): 455–68.

Vargas Llosa, Mario. *El hablador.* Barcelona: Seix Barral, 1987.

Vera León, Antonio. "Hacer hablar: La transcripción testimonial". *La voz del Otro.* Lima-Pittsburgh: Latinoamericana Editores, 1992. 181–99.

Vich, Víctor. "Cultura popular y condición migrante: los cómicos ambulantes y el mercado informal". Conferencia. *Jornadas Andinas de Literatura Latinoamericana (JALLA).* Cusco: 1999.

Waugh, Patricia, ed. *Postmodernism. A Reader.* London: Edward Arnold, 1992.

Wolf, Eric R. *Peasant Wars of the Twentieth Century.* London: Faber and Faber, 1963.

Yúdice, George. "Testimonio y concientización". *Revista de Crítica Literaria Latinoamericana* 36 (1992): 207–27.

-----. "Testimonio and Postmodernism". *The Real Thing. Testimonial Discourse and Latin America.* Durham: Duke University Press, 1996. 42–57. También ha salido publicado en *Latin American Perspectives* 18.3 (1991): 15–31.

Zevallos-Aguilar, Juan. "La crítica a la representación en *Habla la ciudad*". *Osamayor* 7 (Invierno 1993): 31–8.

Zimmerman, Marc. "*Testimonio* in Guatemala: Payeras, Rigoberta, and Beyond". *The Real Thing. Testimonial Discourse and Latin America.* Durham: Duke University Press, 1996. 101–29.

Se terminó de imprimir en el mes
de diciembre del año 2000
en la imprenta Cushing-Malloy, Inc.
Ann Arbor, MI Estados Unidos

DATE DUE

~~MAR 2 0 2004~~		
~~MAR 1 0 2006~~		
~~DEC 1 1 2006~~		
~~MAY 0 1 2007~~		
~~JUL 1 0 2007~~		
		Printed in USA

HIGHSMITH #45230